爱未来
科学育儿指南

张成强 著

吉林大学出版社
·长春·

图书在版编目（CIP）数据

爱未来科学育儿指南/张成强著.-- 长春：吉林大学出版社，2024.7.--ISBN 978-7-5768-3377-5

Ⅰ.G61-62

中国国家版本馆CIP数据核字第20243M4W01号

书　　名：爱未来科学育儿指南
　　　　　AI WEILAI KEXUE YU'ER ZHINAN
作　　者：张成强
策划编辑：魏丹丹
责任编辑：赵黎黎
责任校对：王曼
装帧设计：行迩文化
出版发行：吉林大学出版社
社　　址：长春市人民大街4059号
邮政编码：130021
发行电话：0431-89580036/58
网　　址：http://www.jlup.com.cn
电子邮箱：jldxcbs@sina.com
印　　刷：武汉鑫佳捷印务有限公司
开　　本：787mm×1092mm　1/32
印　　张：9.5
字　　数：220千字
版　　次：2024年7月　第1版
印　　次：2025年1月　第1次
书　　号：ISBN 978-7-5768-3377-5
定　　价：88.00元

版权所有　翻印必究

前 言

大家好，我是新生儿科张医生（强哥），这是我的第一本书。婴幼儿是人类生命初期阶段，因此我时常在科普视频末尾加上"关爱新生代，有爱有未来"。

从医十几年，我见过很多可怜的孩子，也见过很多后悔的父母。他们通常有以下共性。

1. 祖母和外婆固守老旧观念，指导新手爸妈。

2. "刷"短视频，常常将视频内容映射到自己孩子身上，产生焦虑情绪。

3. 喜欢自己在网络上查找医学资料，或者加入医学育儿交流群，纷繁复杂的信息让自己感觉莫衷一是，若查到某些恶性疾病会更加寝食难安。

4. 不清楚病情的轻重缓急，错失急症和重症的最佳治疗时机。

5.就医后获得了可信赖的医生的专业指导,却没有遵医嘱,也难以做到按时复诊。

6.常常依赖药物解决问题,不懂得护理或不认可护理。

7.给孩子买了很多不必要的甚至有害的东西。

8.喜欢研究宝宝身体上一些细枝末节的自认为不正常的表现,过于依赖营养补充剂,对生长发育等真正需要关注的方面却置若罔闻。

我想,上述情形大多缘于循证医学理念尚未普及,再糅合道听途说、以讹传讹、利益驱使等,从而造成现在这种育儿局面。但不论如何,这种现状亟须改变。你可能不会相信,正是这种想要改变育儿界混乱局面的冲动和动机,才是我科普和撰写本书的原动力,这种动力远远超出了利益。

本书的信息大多来自儿科教材、国内和国际的相关文献和指南,少部分内容来自自己的临床经验。关于个人部分,书中用"个人推荐"或者"个人建议"描述。本书在给出用药指导的同时,更重要的是分享优质的护理手段。

信任是基石,特别感谢大家对强哥的信任。育儿知识庞杂繁复,本书主要聚焦于3岁以内婴幼儿的养育问题,若书中有不足之处,还望大家见谅。婴幼儿的成长只有一次机会,爱学习的父母会抓住这唯一的机会,请让我们从这本书开始。最后,希望全天下所有宝宝都能健康、平安、快乐地茁壮成长。

目录

1 意外伤害 1

　　・烧烫伤 3
　　・炸伤 4
　　・电击伤 4
　　・高坠伤和摔伤 5
　　・切割伤 7
　　・窒息 7
　　・撞伤 8
　　・溺水 9
　　・挤压伤 9
　　・误吞 9
　　・捂热综合征 11
　　・桡骨小头半脱位 11
　　・其他安全育儿要点 12

2 认识疾病和药物 13

3 发热 17

　　・发热原因 19
　　・发热的分度 19

- 发热的测量 19
- 发热如何降温 21
- 物理降温 21
  - 错误的物理降温 21
  - 正确的物理降温 22
- 药物降温 23
- 发热是否会烧坏脑子 25
- 高热惊厥 26
- 什么时候去医院 26

4 普通感冒 28

- 你真的了解感冒吗 29
- 什么药物不建议用 29
- 海盐水洗鼻技巧 30
- 海盐水洗鼻疑问解答 31
- 必要时可以使用的药物 32
- 什么时候需要去医院 33

5 咳嗽咳痰 34

- 重新认识咳嗽 36
- 咳嗽时间长了会肺炎吗 36
- 有痰和没痰的区别 38
- 止咳药和化痰药 38
- 雾化吸入疗法 39
  - 哪些孩子需要做雾化 39
  - 雾化机器的选择 40

- 雾化药物的选择 41
- 雾化的具体操作 41
- 咳嗽咳痰的护理 43
- 咳嗽咳痰的食疗 44
- 什么时候需要去医院 45

6 呕吐和腹泻 47

- 只有呕吐 49
- 从出生就开始腹泻 51
- 突然腹泻 51
- 腹泻留取粪常规 52
- 区分细菌性还是病毒性腹泻 52
- 腹泻的用药 53
  - 别乱用抗生素 53
  - 合理用药 54
  - 口服补液盐 54
  - 蒙脱石散 55
  - 益生菌 55

7 便秘 57

- 攒肚子 59
- 帮宝宝通便 59
  - 肥皂条通便 60
  - 开塞露通便 60
- 喝水习惯 61
- 排便习惯 62

- 便秘的食疗 63
- 便秘的药物 64
- 什么时候需要去医院 65

8 过敏 67

- 牛奶蛋白过敏 69
  - 牛奶蛋白过敏的轻重 69
  - 牛奶蛋白过敏的处理 70
  - 牛奶蛋白过敏的误区 74
- 食物过敏 75
- 食物不耐受不是食物过敏 76
  - 过敏原检测 76
  - 食物过敏的诊断 77
  - 过敏宝宝如何喂养 78

9 打疫苗 80

- 疫苗接种指南 82
  - 出生时 82
  - 1月龄 83
  - 2月龄 85
  - 3月龄 87
  - 3.5月龄 88
  - 4月龄 88
  - 5.5月龄 88
  - 6月龄 88
  - 7月龄 90

- 8月龄 90
- 12~15月龄 91
- 18月龄 92
- 2~6周岁 93
- 疫苗安全性 98
- 需要打自费疫苗吗 98
- 疫苗科普迫在眉睫 99
- 疫苗真正的禁忌证 100
- 麻腮风和幼儿急疹 100
- 几种疫苗一起打有伤害吗 101
- 单价疫苗和 N 价疫苗怎么选 102
- 可以接种不同厂家的疫苗吗 103
- 打疫苗后注意事项 103
- 疫苗接种的其他误区 103

10 母乳喂养和奶粉喂养 106

- 母乳喂养的利弊 108
- 奶粉喂养 110
  - 奶粉选进口还是国产 110
  - 牛奶好还是羊奶好 111
  - 各段奶有什么区别 111
  - 水解奶推荐喝吗 112
- 奶粉喂养的讲究 112

11 营养补充剂 115

- DHA 117

5

- 钙 118
- 铁 119
- 锌 121
- 维生素 AD 和维生素 D 123
- 益生菌 125
- 免疫调节增强剂 127

12 辅食添加 129

- 辅食添加时机 131
- 辅食喂养准则 131
- 水 136
- 油盐酱醋调味料 137

13 生长发育评估 139

- 0~90 天 141
  - 出生后 1 周内 141
  - 第 8~30 天 142
  - 第 31~90 天 142
- 第 91~180 天 143
- 第 181~365 天 144
- 1~3 岁 146

14 生理和病理现象 148

- 眼、耳、鼻、喉、口腔问题 150
  - 眼 150
  - 耳 152

- 鼻 153
- 喉 155
- 舌 156
- 唇 157
- 牙齿和口腔 158

· 头部问题 **160**
- 颅骨软化 161
- 囟门 161
- 毛发和头皮 162
- 头发稀少 163
- 毛发黄 163
- 宝宝枕秃脱发 163
- 头发竖着长 163
- 几根白发 164
- 有一块没头发 164
- 头皮上的乳痂 164
- 颅骨骨缝 165
- 淋巴结 165

· 四肢和骨关节 **166**
- 手脚倒刺 166
- 指甲 167
- 抖动 170
- 关节响 170
- 臀/腿纹不对称 171
- 剑突 171
- 肋骨外翻 171

- 睡着出汗 172
- 左右摇头 172
- 大便系列问题 173
  - 大便绿色 173
  - 大便黑色 174
  - 大便黏液 174
  - 大便泡沫、大便往外蹦、大便次数多 174
  - 大便奶瓣 175
  - 大便酸臭 176
  - 大便不成形 176
  - 血丝便和红色大便 176

15 口腔护理 **177**

- 何时开始刷牙 179
- 如何给宝宝选择牙膏和牙刷 179
- 具体如何给宝宝刷牙 179
- 日常如何保持牙齿健康 180
- 宝宝涂氟有哪些要点 180
- 宝宝需要做窝沟封闭吗 181

16 护肤和皮肤问题 **182**

- 护肤 184
  - 护肤品选择 184
  - 日常护肤步骤 184
  - 怎么洗澡 184
  - 常见护肤误区 186

- 防晒 186
  - 防晒要点 187
  - 防晒霜选购 187
  - 防晒霜正确涂抹方式和注意事项 188
- 皮肤问题 189
  - 口水疹 189
  - 湿疹 190
  - 荨麻疹 193
  - 新生儿痤疮 195
  - 热疹 196
  - 间擦疹 197
  - 尿布疹和肛周脓肿 198
  - 白色糠疹 200

17 衣食住行日用品 202

- 衣服和配饰 204
  - 衣服 204
  - 配饰 205
- 食品 206
  - 婴幼儿配方食品 206
  - 奶和奶制品 207
  - 宝宝辅食 208
  - 宝宝零食 210
- 居住环境 211
- 旅行物品 214
  - 短途旅行 215

9

- 长途旅行 217
- 日用品 218
  - 喂养用品 219
  - 个人日常用品 220
  - 睡眠用品 221
  - 防晒衣、泳衣、雨衣、墨镜 223
  - 鞋子 224
  - 出行装备 225
  - 家居安全防护 225
  - 娱乐与教育用品 226

18 语言发育 228

- 语言发育迟缓的原因 230
- 如何促进语言发育 231
- 什么时候要去医院 233

19 婴幼儿医学检查项目 234

- 生长发育评估 236
- 血常规 239
- 尿常规 241
- 粪常规 241
- 肝肾功能 241
- 心肌酶 243
- 微量元素 243
- 骨密度 244
- 过敏原检测 244

- 食物不耐受检测 244
- 肺功能 245
- 铁代谢 245
- 血清维生素 A 和维生素 D 245
- 视力筛查 246
- 口腔检查 246
- 菌群检测 247
- 母乳检测 247
- 基因检测 248
- 影像学检查 249
  - B 超和心超 249
  - X 线检查（胸片、腹片或者 CT 等）........ 250
  - 磁共振 252
  - 同位素 252

20 婴幼儿常见传染感染性疾病 253

- 出疹性疾病 255
  - 幼儿急疹 255
  - 手足口病和疱疹性咽峡炎 256
  - 水痘 257
  - 腮腺炎 258
  - 猩红热 258
  - 川崎病 259
- 流感 259
- 新冠病毒感染 259
- 肺炎支原体感染 260

11

- 百日咳 262
- 急性中耳炎 263
- 化脓性扁桃体炎 264
- 泌尿系统感染 264
- 皮肤脓肿 265
- 鹅口疮 265
- 腹痛 266

21 就诊技巧 267

- 线下就诊 269
  - 看病怎么选择医院 269
  - 看病如何选择医生 270
  - 怎样跟医生描述病情 270
- 网络问诊 271

22 婴幼儿家庭教育 273

- 1周岁内如何早教 275
- 1~3岁宝宝家庭教育要点 276
- 是否找育儿嫂看孩子 277
- 把握管教孩子的尺度 279

23 家庭药物清单 280

- 家庭用药黑名单 282
- 家庭用药白名单 284

1

意外伤害

每个人都希望自己的孩子健健康康。可有时候，我们会深刻感觉到，自己好像很难改变养娃的内在环境和外在环境，尽管我们经常执着于去改变。对内在环境而言，因为个体体质差异非常大，很多先天的条件来源于父母的遗传物质。外在环境方面，我们也很大程度上无法改变孩子的成长轨迹，比如身材有点矮小、头发看着稀少、从小长相显老等。哪怕我作为一名儿科医生，也不能保证自己的孩子绝不生病。

尽管孩子们的体质千差万别，但你会发现，有件事人人生而平等，那就是灾难性事件对所有的孩子都一视同仁。富裕家庭的孩子，也许会呛到花生米而夭折，贫困家庭的孩子也可以活到五世同堂那天。因此，对孩子来说，我认为，最重要的不是健康，而是安全。

健康很重要，安全更重要，安全第一。因此我决定把本篇内容放在第一章，即便可能会显得有些啰里啰嗦，我也要向大家详细交代诸多细节。同时，也请大家在养孩子的空闲时间，反复反思一下：自己对宝宝的安全防护做得够不够；能否在宝宝发生危险之前做好预判，让意外伤害不在自己家孩子身上降临。

危险无处不在，意外事件包括但不仅限于烧烫伤、炸伤、电击伤、高坠伤和摔伤、切割伤、窒息、溺水、撞伤、挤压伤、误服药物保健品、异物进入身体腔道、捂热综合征、桡骨小头半脱位等。

·烧烫伤

烧烫伤方面，我给出以下建议。

（1）负责看护孩子的家长，需要买一个带盖子的杯子，喜欢喝热水的家长，需要一个保温杯，放在厨房的窗台上，以远离婴幼儿玩耍区域。当然，如果你的家里有娃，个人建议你暂时戒掉喝茶的习惯——带孩子的家长总归有些事情需要暂时放弃。你暂时放弃的，也许是对自己事业的冲劲儿，也许是雨前龙井和美式咖啡的香气。若你实在不想放弃，冷泡茶和速溶咖啡粉也能凑合着喝。

（2）不建议再用传统的容易爆掉的暖瓶胆。存放热水的保温瓶尽量选择按压才能倒出水的不锈钢式保温瓶。

（3）日常饮水，建议家庭使用恒温壶，恒温壶保持水温在45~55℃，带有儿童锁。每次接水时，需要先点击童锁按键，再点出水键。45℃的水便于夏天冲泡奶粉，55℃的水便于冬天冲泡奶粉，以免室温太低冲完的奶快速变凉。当然，如果冬天有供暖的地区，我们没必要调整到55℃。如果可以的话，家庭中尽量不出现超过55℃的热水。

（4）冬天供暖的地区，不要让已经会走路的孩子接触到暖气片。尽量不用电暖炉和煤炉取暖，用了也不应该让孩子靠近，须提前采取防护措施，比如加装围栏并上锁。传统暖水袋不适合婴幼儿，因为宝宝皮肤娇嫩，低温烫伤时有发生。电热毯也尽量在预热结束后关闭。

（5）大人在做饭时，不要让孩子靠近燃气灶，以免被热油溅到导致烫伤。家庭共餐时，孩子应该坐在有安全带的餐椅上，避免接触到热汤、火锅边缘、砂锅壁等热源。火柴、打火机和点火器不要让儿童接触到。

（6）洗澡盆，先放冷水，再放热水。洗澡盆提前放好并试好水温再带宝宝进入浴室，不要让孩子在洗澡时玩耍供热水的水龙头。

（7）若不幸发生烧烫伤，需要记住"冲脱泡盖送"五个字。用流动自来水冲洗受伤区域10分钟，自来水最好是常温，大约10~25℃，不要使用冰水；10分钟后，脱掉受伤一侧的衣服；受伤区域继续在自来水中泡15分钟；随后使用无菌纱布覆盖受伤区域，不要碰触受伤区域的水疱；最后送医院，挂烧伤科。

一定要记得，五字真言的最后一个字尤为关键，也就是送医。虽然前面四个步骤很关键也已经做到了，但由于烧烫伤是特殊的外伤，我们千万不要自行使用任何所谓烫伤膏一类的药物，需要紧急送医。一些土办法会让病情复杂化，比如抹牙膏和抹酱油，应该避免。

·炸伤

炸伤已经不再多见。但我仍然需要给出3点建议。

（1）过节期间，婴幼儿不允许自行放烟花爆竹，可远观而不可亵玩焉。

（2）如前所述，不要让儿童接触到打火机。

（3）存放热水的热水瓶建议换成不锈钢式保温瓶，它们的内胆也是不锈钢的。

需要注意，炸伤也是一种特殊的外伤，往往伴有组织坏死，需要紧急送医，不要自己使用任何药物。

·电击伤

市面上现有的壁装插座已大多是安全插座，这让电击伤不再多见。注意以下几点。

（1）我们需要注意选购带有开关的安全插排。

（2）大家还需要注意家用电器不要漏电，能放电的东西最好不要买，比如电蚊拍。

（3）出门在外，我们需要远离高压带电体。

最后，请记住若不慎发生电击伤需要紧急就医，因为可能会导致心脏停搏。

· 高坠伤和摔伤

高坠伤方面，我能想到以下建议。

（1）婴幼儿的小床需要注意以下几点。

①围栏最好能够便于调节高度，在孩子会站会走时，使其不能爬出来。

②小床最好带轮能够推来推去，这方便你去厨房做饭或者如厕时，把他和床一起推到视线范围内。

③小床也可以用底盘稳定的推车或者餐椅代替。

④注意，千万别用学步车，学步车会增加外伤的概率，由于危险太大，有些国家已经禁售了。

（2）如果孩子和大人睡一张床，需要注意以下几点。

①大床高度尽量不超过 50 cm。

②卧室地面最好铺设的是实木带龙骨的地板。

③如果卧室地面是地板砖，我们需要在床的两侧和床尾铺设足够厚和足够宽的防摔垫。

④防摔垫尽量买二手的，能防止材料来源的化工污染。

（3）宝宝 3 月龄之后，推荐使用婴儿背带。

①提醒一下，这种背带不是腰凳，不要买错，在日用品那一章我会分享为什么这样选。

②背背带时，我们可以和宝宝面对面，也可以你的脸贴

着他的后脑勺。我们带孩子出去玩时，也可以用背带背着他。

③相较于小推车，你可能会感觉更辛苦一些，但你会发现你们的心跳声更近了，有种心连心的感觉。对孩子而言也更有安全感，对你而言除了能够锻炼身体，还可以空出双手干点别的事情。

④背带不如小推车用的时间长，仅能用到你背不动孩子为止。

（4）出门在外，不要让宝宝攀爬任何无防护措施的游乐设施。

（5）如果宝宝坠伤后头部受伤，无抽搐，无呕吐，受伤部位无活动性出血，坠伤高度不超过 50 cm，四肢活动良好，则可以继续在家中观察。

①受伤部位会轻微红肿甚至出现血肿，这时可以在 12~24 小时内用自来水沾湿毛巾后，覆盖于受伤部位冷敷，每次 15 分钟，个人建议覆盖间隔时间先紧后松，比如最初 1 小时覆盖一次，6~8 小时后改为 2~4 小时一次。

② 24 小时后，若出现血肿，可以温水沾湿毛巾热敷受伤部位，热敷的水温不要超过 45 ℃，每次 5 分钟，以免发生低温烫伤，个人建议 2~4 小时一次，如此热敷 3~4 次。

③热敷后，血肿会过一段时间才能慢慢被吸收。我们可以使用多磺酸粘多糖乳膏薄涂血肿部位，一日两次，7~10 天停药。

④宝宝身体其他部位的较为浅表的软组织损伤（关节扭伤、摔伤、砸伤），如果受伤程度不重，也可以按照冷敷—热敷—药膏的流程去处理。但需要注意，若宝宝肢体活动不良，则有必要去医院排除相应部位的骨折。

（6）宝宝头颅受伤后，重点关注有无喷射性呕吐、抽搐、意识不清、昏睡不醒、肢体活动不良、受伤肢体一碰就哭等症状，如果有的话，需要紧急就医排除颅内出血或骨折等。若受伤部位的血肿不消退反而越来越大，也需要去医院就诊。

（7）头颅外伤受伤部位如果是后脑勺，需要积极对待，建议直接送医。因为该区域临近脑干部位，而脑干是人体的中枢器官，比较危险。

（8）宝宝受伤之后会大哭一场，不用紧张，这是惊吓所致。宝宝大哭一场之后会有一段略长的睡眠，也不用紧张，这是因为哭闹之后的劳累和神经疲劳所致，只要他睡醒这一觉能吃能喝能玩能笑，说明问题不大，只要不再有睡眠时间延长即可。

（9）头颅外伤的危险期是24~48小时，越短时间出现呕吐、抽搐、昏睡等症状，说明越要去医院做CT。但综合来说，真正需要做手术的孩子并不是很多，也不用过分担心。

（10）做好前面所述的预防措施，避免孩子再次发生坠伤和摔伤。

·切割伤

我们尽量不要让儿童接触到任何的尖锐锋利物品，哪怕是一张白纸。剃须刀、剪刀甚至钥匙，都不能让孩子玩。

此外，我们需要购买适合幼儿的玩具，这些玩具可以有棱角，但一定得保证安全。

·窒息

宝宝发生窒息，往往是将异物吸进了气道。对此，给出以下建议。

（1）宝宝在1岁之前不要在未看管的状态下趴着睡。宝宝如果喜欢趴着睡，在他睡熟之后，我们应该将他翻过来，让他小肚皮朝天，避免婴儿猝死综合征。虽然这种猝死可能性极小，但小心无大错。

（2）不要让孩子接触任何直径小于宝宝口腔内径的物品，尤其是"圆小硬滑弹"的物品尽量不在家庭内出现，这些物品误入气道可能性较高。圆小硬滑弹，指的是圆形、小巧、坚硬、润滑和有弹性的东西。我们可以用厕所用的卷纸的纸筒内径作为衡量标准，能通过纸筒的物品都不安全。

（3）学会海姆立克急救法。

下面，我们简述一下海姆立克急救法，操作方式如下。

①不能站立的小于1岁或无法站立的婴幼儿。

背部叩击法：把婴幼儿面朝下放置在施救者的前臂上，头部略低于躯干，保持头低脚高位，用手掌根部连续敲击婴幼儿背部中央，即肩胛骨连线的中点下方，进行五次有力的叩击动作。

胸部按压法：如果叩击背部后异物仍未排出，将婴幼儿翻转过来，使其面部朝上，仍保持头低脚高位，施救者用两个手指（中指和食指）在婴幼儿胸骨下部（两乳头连线中点下方）进行五次快速而有力的胸部按压，连续交替进行背部叩击和胸部按压，直到异物排出。

②能站立的婴幼儿

腹部冲击法：让婴幼儿站立，施救者站在或跪在婴幼儿身后，双臂环绕婴幼儿腰部，一手握拳放在其脐上两横指的位置，另一手包住此拳头，连续、快速、向上向内冲击，类似于对成人的海姆立克急救法，直至异物排出。

学会了吗？希望你永远也用不到。

·撞伤

学会走路的宝宝对外界的探索欲很强，会误打误撞撞到任何物体。在撞伤方面，我给出以下建议。

（1）家庭任何可疑能碰伤孩子的棱角，比如桌椅、板凳，需要贴防撞条，柜门主要贴防撞角。

（2）如果你足够细心，可以参观一下附近的幼儿园如何防护。

（3）出门在外，需要看护好孩子，不要被车辆尤其是电瓶车撞到。

当宝宝被撞伤，若有活动性出血的开放伤口，需要去医院清创消毒。视情况可能会注射破伤风抗毒素以及缝合。

·溺水

孩子溺水一般都是看护不够仔细。下面给出一些建议。

（1）家庭中使用浴缸或浴盆洗澡，我们应该在现场，不要让孩子独自玩水。

（2）大人需要看管好孩子不要涉足任何水洼地带。尤其是家里有两个孩子的家庭，大孩子很可能会带着弟弟妹妹去河边玩耍，而这对大孩子和小孩子都很危险。

（3）在海边旅游需要保证孩子时刻不要离开大人视线。

·挤压伤

我们可以提前为门、窗、家具柜门安装防夹措施以及抽屉锁，避免宝宝在家庭中被夹伤。

·误吞

宝宝误吞的东西，大多数是药物、保健品和异物。在此给出以下建议。

（1）孩子很信任我们，我们尽量不要欺骗他们任何事情。

不能哄骗孩子药品或者保健品是糖果。我们需要明确告知孩子,药品就是药品,不能随便吃,吃了有危险,会中毒甚至会死亡。提前知道什么是死亡,不会吓坏孩子。不应在儿童能够接触到的任何区域内,出现药品和保健品。将药品或保健品锁起来,是一个好的选择。

(2)不能将农药、老鼠药等放在任何饮料瓶中,孩子很可能会误饮。

(3)婴幼儿处于口欲期,喜欢往嘴巴里放任何东西,他们喜欢舔舐还喜欢撕咬。我们希望他们接触的东西是安全和牢固的。如前所述,物品直径超过口腔内径,塞不进嘴巴,也就不会被误吞。

(4)孩子会将任何东西往身体的孔道试探性地塞入。除了口腔之外,他们还会往鼻孔、耳道、肚脐、肛门甚至生殖器内塞东西。还是那句话,超过口腔内径的物品也很难进入这些腔道,要收起来。帮助孩子探索自己的身体秘密有很多方法,但我们不能给孩子这种探索自身身体的机会。

(5)为避免再次发生类似事故,做好反思和物品整理尤为重要。

(6)不恰当的自行处理方式也许会增加后续的诊疗难度,比如用手抠去催吐,可能会诱发窒息和胃底静脉破裂出血。

最后,由于易误吞的东西种类太多,处理原则也大不相同。笼统来说,塑料的较为圆润的小部件,一般会随着肠蠕动在7天内随大便排出,比如一颗纽扣或一小截断掉的塑料叉子。一张纸巾或纸质书本的一角,会被胃液和胰液等消化掉。金属的物体比较危险,比如硬币或磁力珠,一定要去医院就诊。

·捂热综合征

宝宝在发热时，不要穿衣服或盖被子捂汗。捂汗会让水分和电解质快速大量丢失，容易虚脱休克。发热不用紧张，如何正确处理和何时就医，将在后续章节详述，反正给孩子捂被子发大汗是需要杜绝的。

·桡骨小头半脱位

孩子的肘部有个结构是桡骨小头，这个部位周围的韧带在5周岁之前，发育尚不完善，因此容易受外力导致手肘脱臼，俗称"掉环儿"，医学上叫桡骨小头半脱位。关于这点我给出以下建议。

（1）牵着孩子小手出去逛街，不要使劲儿拉胳膊，如果孩子太小，还是放在小推车里更好也更轻松；如果想牵着他，最好牵着上臂（靠近肩膀的那一段儿胳膊），而不是前臂（靠近手腕的那一段儿胳膊）。

（2）孩子爸爸或者其他男性亲属，不要双手拽着孩子双手玩耍或做激烈动作。

（3）不要让孩子在单杠上"打提溜"，悬空身体变身小猴一样玩耍，确实很酷，但真的对肘关节不友好。

（4）如果发现孩子一只胳膊不愿意抬起来了，难以将该侧手臂举过自己的头顶，这时就要送医让医生帮助复位。我们可以使用一个他喜爱的玩具引逗一下，看看他能不能将疑似受伤的手臂抬起来。

（5）肘部发生过脱位的孩子尤其需要注意，因为还有发生二次脱位的可能。

·其他安全育儿要点

大家可以看到，危险无处不在。除了上面那些关键要素，我还有几点分享给大家。

（1）当我们发现孩子快接触到危险物品或快做危险动作的时候，应该快速并且淡定从容地让他脱离危险环境，不要一惊一乍，避免孩子受到惊吓。对某些孩子来说，我们的惊恐表现可能被误认为一种游戏，这无疑会让这类孩子迫不及待地想去尝试下次危险。

（2）非常不建议使用惩罚或者奖励方式来规避下一次的风险，这可能会让孩子为了获得奖励而选择冒险，也可能会让孩子怕被惩罚而选择隐瞒。

（3）我们应该做的是在日常生活中，如实告诉孩子哪些是危险品，哪些是危险动作，孩子很聪明，会学得很快。而且你会发现，在接受了我们日常的安全知识普及后，他们有时候比我们更有安全意识，会常常提醒我们哪里有危险。

（4）有时候，儿童本身就是"危险品"，往墙上乱涂乱画都是小事情。他们的危险之处在于，为了探索世界，小手和小嘴有时会在我们的皮肤上留下伤痕，抓咬挠是他们认识新事物的方式。

总而言之，我们需要悄无声息地给他们消除掉一切安全隐患。如果你能在孩子出生之前就做好这些准备工作，那再好不过了，毕竟防患于未然才是上策。如果你的孩子已经出生了，那今天暂时不要看下一章内容，赶紧查漏补缺反思一下有无疏漏的地方，这一点刻不容缓。

2

认识疾病和药物

马克·吐温曾经说过：让你陷入困境的不是未知世界，而是你坚信的事并非如你所想。生病了就要吃药，是我们对医学的朴素观点，但实际上生病和吃药其实没有任何联系，很多疾病不吃药也可以缓解乃至治愈，尤其是对于婴幼儿来说。

本章的知识，可以提升大家对疾病和药物的认知，某种程度上可以称之为"育儿哲学"，比后面的具体知识更为重要。

因为从母体的胎盘里早已获得了非常多的特异性和非特异性抗体，4~6个月之内的婴儿比更大月龄的宝宝免疫力还要强一些。这些抗体够他们用几个月的。因此6个月内的宝宝很少发热。

我们经常错误地把现象、症状和疾病三者混为一谈。现象也许是生理性的，也就是很多宝宝都有，不用管它；症状就是宝宝不舒服的感觉，比如高烧，我们为了让宝宝舒服一些，会给他用退烧药。疾病就不只是用药这么简单了，有的疾病只需要观察，有的需要护理，有的应配合药物，有的还要手术。在自认为孩子得了某种疾病时，误用药物会掩盖病情，增加诊断难度。

婴幼儿很多疾病，三分靠治疗，七分靠护理，剩下九十分完全靠的是自己。比如，普通的病毒感染没有特效药物，而适时和有效的护理，会缩短疾病的病程，这些护理操作包括症状的记录和非药物干预手段，我们后面会讲到。如果你想要做一名家庭医生，得先成为一名合格的儿科护士。

药物之所以在生产、销售及流通等环节需要区别于食品作出监管，是考虑到药物的不良反应和副作用。大家都知道"是药三分毒"的道理，尊重循证理念的儿科医生在推荐用药时，会仔细权衡药物的利和弊，这一点在婴幼儿时期更为重要。因

认识疾病和药物·

为3岁内的宝宝，一个最基本的事实是，他们的肝肾并未发育完善。哪怕真的需要用药，也很少有情况需要多种药物，特别是口服药，大部分情况下1~2种药就能解决问题。每次看到一些父母带着给孩子看病的"战利品"（满满一塑料袋中药和西药）迈出门诊大厅，我心里五味杂陈，感叹科普之路任重道远。

有前后对应关系的事情不一定有因果关系，我们经常把不一定相干的事情联系起来，其中一个例子就是吃了药和病好了。请尝试思考一下这个问题：病是靠药物治好的，还是疾病到时间自愈的？在这个过程中，你是否给过孩子自愈的机会？再强调一下，疾病和药物之间、生病和吃药之间，都没有任何必然联系。

可以笃定地说，生病是宝宝在成长过程中必然需要面对的。周围的孩子里，确实有一些好像不常生病的，他们看上去不常生病的原因其实是多方面的，但这种宝宝是少数派。如果恰巧是你家的孩子，那么恭喜你。这种宝宝是幸运的，不只是因为他的抵抗力也许优于大多数婴幼儿，还可能得益于他父母的神经比较"大条"，以至于不能及时发现孩子短暂的生病状态。也就是说，他们家的孩子经常都是在父母粗心还没发现症状时就自愈了。由于DNA不一样，孩子的体质我们学不来，但其父母有些方面真的值得我们学习。至少，他们没有因为焦虑而给孩子乱用药。

使用合适的药物时，我们一定要遵医嘱，用足疗程，不能畏畏缩缩用用停停，也不能吃了上顿没下顿地给孩子漏服。比如确诊细菌感染的宝宝，抗生素用2天停2天，很可能出现耐药；流感使用奥司他韦未足5天，甲、乙流复发的也屡见不鲜。

决定给宝宝静脉还是口服用抗生素，希望你能听医生的，并用足疗程。没有任何一名儿科医生愿意绕过口服,直接让孩子天天来打针,细菌感染比较严重时,有些医生会选择静脉用药,也是较稳妥的处理方案。

总之,用药不是儿戏,不能自行试药,也不能随便停药。让宝宝疾病尽快好转和痊愈的诀窍只有四条,它们就是:

①合适的护理;

②遵医嘱用足必要疗程;

③除安慰剂外不乱用任何一种药物;

④必要时的复查。

此外,药品的储备和药品知识的储备同等重要,我将在本书最后章节介绍给大家。

3

发热

发热也称为发烧，是对婴幼儿体温升高的常见描述，是宝宝最常见的症状，也是家长最关心的问题。本章我汇总了关于婴幼儿体温升高和处理的常见疑问。我们不能碰到宝宝发热就自乱阵脚，发热并不可怕，乱查资料和乱用药物才可怕，有了下面这些知识储备，你会感觉踏实很多。

·发热原因

宝宝的大多数持续发热,是病原微生物感染引起的,少部分是疫苗接种所致,极少情况下才是较为罕见的棘手疾病。很多爸妈都有赌徒心态,也就是都迷恋小概率事件。他们除了喜欢预测彩票中奖号码,好像还喜欢怀疑孩子发热以后,会得某些恶性病和罕见病。请看上面列举的宝宝发热常见原因,病毒大部分可以自愈,细菌可以用抗生素对付,疫苗接种反应一般会在48小时内消退。咱们没那种中彩票的命得白血病。这么一说,你是不是安心多了?

·发热的分度

发热分为低热(37.3℃~38℃)、中热(38.1℃~39℃)、高热(39.1℃~41℃)及超高热(>41℃)。

·发热的测量

事实上,作为恒温动物的人类的体温并不恒定,上下波动1℃被认为是可以接受的。由于宝宝的体温调节中枢未发育完善,所以体温更加不恒定。因此,在给宝宝测体温之前,需要排除运动、进食、情绪等外界因素。

测量体温的方式多种多样,测量工具也五花八门,我们想测的是核心温度,却往往只能测得体表温度。有些体表温度真的很不准确,比如额温、颞温(太阳穴部位)、手腕温等。目前认为,口腔内和肛门内部的温度能最准确地体现人体核心温度,可惜难以在家中给宝宝监测。而且,由于风险不可控,医院里也基本不再测量这两个部位。为了安全有效、方便快捷地测到核心体温,在家庭中,目前推荐的测量宝宝体温的工具,有水银体温计和耳温枪两种。

耳温可能会比水银温度计测得的腋窝温度高一些,两者大约相差 0.5℃。一般来说,耳温相对更能体现核心体温。

水银温度计里含有重金属汞,有很大的汞中毒隐患,也会对环境造成污染,我国将在 2026 年 1 月 1 日开始禁止生产水银温度计。水银体温计测量要点如下。

①宝宝腋窝不能有汗液。

②需要将温度计在腋窝夹紧 10 分钟。

③每次测量完毕需要将腋窝温度计放到宝宝接触不到的地方。

④不要用腋窝水银体温计测量宝宝肛门和口腔。

耳温枪测量要点如下。

①注意耳温枪的透明帽不能有破损。

②测量时根据外耳道走向尽量往耳道深处塞入枪头。

③刚睡醒的宝宝不要立刻测量,建议将宝宝抱起来 15 分钟之后再测,因为贴近于床面的那侧耳温可能会偏高。

④测量双耳,取最高值。

需要指出,每个孩子的基础体温是不一样的,所以我们需要关注孩子基础体温,也就是早晨起床后的体温。一般建议量四次体温,早、中、晚和睡觉之前测量四次体温,你会发现有波动。只要一天之内波动不超过 1℃,孩子的体温就是正常的。

最后,大家要知道,不论是腋温还是耳温,在大多数情况下,具体温度其实并不会干扰我们接下来所采取的退热措施,我们重点关注的是孩子是否在发热时舒适。因此不要纠结于两种体温测量方式在数值上的少许区别。

· 发热如何降温

我们先了解一下退烧的主要目的：让宝宝舒服，而不是让家长的焦虑情绪退热。一发热就想到降温肯定是不太对的，中等程度（38℃）及以下的发热，有时候会利于人体对抗病原体，这时候我们可以采取物理降温的方式。对于宝宝发热伴有精神萎靡（发蔫儿）、体温超过38.5℃甚至39℃、之前有过高热惊厥病史、再次发热超过38℃的，建议使用药物降温。重点说明一下，宝宝的具体体温数值，在用药决策上不是那么重要，是否用药取决于宝宝的精神状态和是否高热惊厥过。

· 物理降温

现在有种论调，说的是物理降温没用。这种说法是不正确的。物理降温作为药物降温的辅助，以及低烧时候的必要措施，个人认为不应该也不能被否认。药物退热好像更加快速，但有时候会违背我们的退热药用药原则。但我们应该掌握正确的操作步骤。

· 错误的物理降温

也许你小时候发热时你的父母采取过下面的物理降温方式，但对我们的下一代千万不要再这么做。

（1）酒精擦背或擦身。区别于用酒精给手消毒，大面积的酒精擦身体会让皮肤吸收酒精，对孩子神经系统不利。

（2）捂汗。如前所述，容易出现捂热综合征，也就是让水和电解质迅速丢失，宝宝会虚脱。

（3）冷水或者冰块降温。不论是喝冰水还是用很冷的水擦身体，都不推荐。给婴幼儿喝冰水尽管可以迅速降低核心温度，但会让消化道黏膜下血管收缩过快，造成胃肠道不适感，大一点的孩子发热，确实可以喝冰水或者吃冰棍，但3岁之内的婴幼儿有一定潜在风险。冷水擦身，会让皮肤毛细血管急剧收缩，不能舒张散热。事实证明，用温水来降温效果更佳。

· 正确的物理降温

正确物理降温的方式主要包括：少量多次喝温水或者喝奶、降低环境温度到20~22℃、少穿并解开衣物散热、洗温水澡，以及用温水毛巾擦脖根、腋窝、腹股沟、腘窝（膝盖后方的窝）等。

需要注意，当宝宝手脚冰凉，颈部却很热时，说明还没有烧到最高峰，应该继续等待。我们可以将宝宝衣服解开，头部和躯干暴露出来，同时将宝宝双脚浸泡在40℃的水中，双手覆盖40℃的热毛巾，帮助末梢循环打开。当手脚已经暖和过来时，也就是该用退烧药的时候了。

关于温水降温，除了用毛巾，还有一个小窍门分享给大家。我们可以准备几副乳胶手套，将温水灌入乳胶手套，随后将乳胶手套扎紧。这种装了温水的乳胶手套放在孩子的相应大血管部位可以帮助孩子物理降温，柔软、舒适、安全。当温水变热，就可以换一些温水，低碳可循环使用，这种方式不要太赞。事实上，我们儿科重症监护室的一些宝宝发热的时候，护士就是这么物理降温的。

关于退热贴，我们一般认为只能在局部起作用，也就是贴哪里退哪里，对降低核心体温帮助不大。但是，若宝宝对退热贴里面的冰片和薄荷成分不过敏，我认为也可以贴。但记住，贴了退热贴就不要测额温了，表面的短暂温度降低，属于掩耳盗铃。当然，本来任何情形也都不建议测额温。还有，建议用退热贴的另一个原因是：给父母火急火燎的焦虑情绪降温。孩子不过敏就没特别伤害，对父母还有安抚作用，退热贴不失为一种安慰剂良方。

·药物降温

现已不再规定是否一定超过38.5℃或39℃再用退热药了，我们更加注重孩子是否舒适。比如，有的宝宝对高温耐受良好，未发生过高热惊厥，可以等体温39℃甚至39.5℃再用退热药，但有的宝宝发生过高热惊厥，或38℃就蔫了，我们还是早用为好。

对于婴幼儿，安全的退热药物是对乙酰氨基酚和布洛芬。这两种药物各有很多剂型，我们可以按照药品说明书的剂量去退热，但我更建议学会如何换算毫克（mg）和毫升（ml）。按照每公斤体重适用的mg数计算ml数，会让退热更有效也更持久，放心，也更安全。

（1）三个月以下的宝宝出现了低热、高热都需要去医院，在家里不要随便用退烧药，因为需要排除血脑屏障不完善引起的脑膜炎和脑炎。也许你会看到《解热镇痛药在儿童发热对症治疗中的合理用药专家共识（2020）》中提及2个月以上就可以用对乙酰氨基酚了，但在家庭使用，个人仍然非常不推荐。理由是，尽管对乙酰氨基酚这种药物在2～3个月的宝宝使用时已足够安全，但宝宝发热是病原体导致的，这些病原微生物可能会进入脑膜内，应该对3个月以下的宝宝评估神经系统受损风险，这些评估需要入院才能完善。

（2）宝宝3个月之后，不容易发生脑膜炎了，发热时可以在家使用对乙酰氨基酚。15mg/kg/次。一日最多使用4次，两次之间间隔最少4小时。

（3）宝宝6个月之后，还有另外一种退热药可以选择，就是布洛芬，剂量是10mg/kg/次。同样的，一日最多使用4次，两次之间间隔最少4小时。

（4）有些情况下，用了退烧药之后，宝宝有可能烧退不下来，或者过了两个小时宝宝又烧起来了。所以虽然《解热镇痛药在儿童发热对症治疗中的合理用药专家共识（2020）》中不建议交替使用两种退烧药，但是我们也要看具体情况。当宝宝甲流、乙流、新冠病毒初次感染以及幼儿急疹时，发热可能会居高不下。当宝宝用一种退热药时，体温不能降到40℃以下，可能有必要交替使用。

（5）以备不时之需，你需要在家里囤好两款药品，对乙酰氨基酚栓（150mg/颗）至少一盒，布洛芬混悬液至少一瓶。有了塞屁股的栓剂和口服混悬液，就不会用错药。对乙酰氨基酚混悬液效果也挺好，只不过跟布洛芬混悬液容易搞混，由于难以保证绝不搞混，可能用对乙酰氨基酚栓更合适。

（6）当然，我们仍然要记录好孩子的体温数值、用药品类、用药剂量和用药时间。不用担心，4~6小时的两次用药间隔指的是同一种药物，两种药物没有任何冲突，也没有用药时间间隔的说法。比如，你可以同时塞入对乙酰氨基酚栓并口服布洛芬混悬液。当然，这种单一药物退不下烧的情况，还是比较少见的，这是我们最后的选择，而不是优选。

（7）当宝宝发热呕吐时，更建议塞对乙酰氨基酚栓，因为喂药可能会吐出来。当宝宝拉肚子时，更建议口服对乙酰氨基酚或布洛芬混悬液。

（8）布洛芬颗粒效果也不错，但需要自己冲配，比较难以掌握。布洛芬栓，我个人的病人用下来效果不如布洛芬混悬液。右旋布洛芬口服混悬液也可以使用，剂量与布洛芬混悬液相同。

·发热是否会烧坏脑子

我们认为发热体温过高会烧坏脑子，是因为发现孩子发热，首先是摸到孩子额头热。还因为我们见过或者听说过发热后出现抽筋的孩子。但实际上，发热一般不会烧坏脑子。这些热性惊厥或者说发热后抽筋的孩子也大多数是良性惊厥，等年龄大一些（5岁之后）也就不再会因为发热抽搐了，况且热性惊厥发病率并不高，只有2%~5%。

其实，发热和脑子是否烧坏掉，大家忽略了一个关键因素：发热的根本原因。若病原微生物较为毒烈，或者孩子血脑屏障还没发育好，短时间内在人体内大量繁殖复制的病原体，会超出免疫系统的清除能力，进而微生物和毒素会越过血脑屏障，引起大脑和附属的结构受损，甚至留下后遗症。

但理论上，毒性这么强的微生物比较少，另一方面还要看孩子的月龄。一般认为，3月龄之后的宝宝血脑屏障已经趋于发育完善，该屏障足以阻挡绝大部分微生物对脑部的攻击。

所以，逻辑上讲，是病原微生物导致了发热，病原微生物进入了脑膜内引起了颅内损伤，这口"锅"主要是得病原微生物去背，发热本身绝大部分情况下不会引起大脑损伤。

再者说，绝大部分的儿童尤其是婴幼儿，比大人更能够耐受高温。成人37℃多一点，就已经很难受了，但宝宝发热39℃甚至40℃，也许都不会出现什么太大的不适感，更不会烧坏脑子。尽管如此，对于高热惊厥，我们确实需要特别关注。如果你的宝宝因发热抽筋过，需要仔细阅读下一小节。

·高热惊厥

有的孩子发热之后，出现过抽筋的症状，我们称为高热惊厥。这些宝宝需要注意以下事项。

（1）高热惊厥的孩子并不多见，先别自己吓自己，也别把别人家的孩子跟自己的比较。

（2）如果你的宝宝不幸发生过高热惊厥，那么我们确实需要更加积极地采取降温措施。比如发现体温超过了38℃，就可以喂退热药。

（3）烧得太快和退得太快，都有可能会出现热性惊厥。所以退烧不要退得太快，退烧退得快一些只是让父母的心情感觉良好，但是对于孩子来说是一个很大的冲击。也就是说，我们不要让孩子的体温像过山车和蹦极一样忽上忽下。

（4）经常发生高热惊厥的孩子，绝大部分也会在5周岁之后不再惊厥，所以不要担心。若确实放心不下，可以挂神经内科看一下，建议去之前录一下孩子抽筋时的小视频，供医生参考。

（5）不要随意口服任何抗癫痫和抗惊厥药物，除了发热使用退热药，不要随意用任何药物预防高热惊厥，宝宝不发热也不要用退热药来预防。

·什么时候去医院

首先，发热并不需要特别紧张，我们更加关注的是孩子的精神状态。尤其是刚刚开始发热时，不要立刻去医院。

这是由于刚刚开始发热，血常规也查不出来原因，查出来的结果并不准确。因为宝宝血液系统反应没那么灵敏，白细胞需要 12 个小时之后才能反映出来，C 反应蛋白也要 6 到 8 小时之后才有可能升高。太早给孩子查血常规只能白扎一针，不能给下一步用药作参考。建议发热超过 24 小时仍反复，真的不放心可以去查血常规和 CRP。但我想告诉大家，绝大多数情况下，病毒感染引起的发热，不会发热超过 84 小时（从发现宝宝发热开始计时），大部分的病毒导致的发热，会在 72 小时内消退。所以，如果你的知识储备非常强大，能够做到不乱用药物和观察到重症情形，至少可以在家观察 3~3.5 天。

其次，发热的合并症状非常重要，需要将发热的体温变化趋势登记下来，并把合并症状仔细观察并记录下来。随着发热的伴随症状的出现，更容易让医生作出判断，对症下药。

最后，有些较为严重的疾病，往往表现为发热超过 3.5 天，也就是从发热开始计算时间持续 84 小时以上，或者感觉发热间隔越来越短，退热药效果越来越差，最高体温越来越高，这种情况就很有必要去医院查找一下原因了。持续发热指的是，宝宝体温高高低低，但未退热到 37.3℃以下并持续超过 24 小时。

4

普通感冒

·你真的了解感冒吗

首先我们重新认识一下感冒。医学上，感冒也称为上呼吸道感染，绝大部分都是普通病毒引起的。该病表现为鼻塞、流鼻涕、打喷嚏、偶发咳嗽，可有低热或者体温正常。

普通感冒大多不会有严重的全身中毒症状，绝大多数病毒没有特效药。只要孩子精神状态、食欲、睡眠都正常的话，就不要乱用药。感冒其实可以自愈，尽管孩子还很小，但我们也应该给孩子这个自我痊愈的机会。感冒有时候不容易好，甚至会加重，很多情况下是因为我们用了不该用的药，导致孩子在感冒不舒服的基础上，出现了一系列药物副作用或者不良反应。目前来说只有流行性感冒（流感），也就是甲流或者乙流，才有磷酸奥司他韦或者玛巴洛沙韦可以用（见后面的章节），其他病毒统统没有对症药物。普通感冒的周期是7~10天，这是正确护理和没有乱用药物的情况下的一般周期，孩子越小，越接近于10天才能结束病程，而越大的孩子越容易在7天内痊愈。

如果孩子各方面都还可以的话，其实也不需要去医院，只要在家里多休息、多喝水，好好护理就行了。

·什么药物不建议用

（1）感冒时，不建议给婴幼儿用感冒药。市面上的感冒药基本上都是复方感冒药，药品成分较为复杂，大多是3~4种成分混在一起的颗粒剂或者口服液。2021年4月23日，国家药监局发布了14个药品的公告，不建议家长或监护人自行给2岁以下婴幼儿使用这些药品。大家记住，只要去买感冒药，名字中带有"复方""氨咖""氨酚"等字眼的，统统不建议用。这样算下来，市面上没有感冒药可用了。这一点，后面我会再次强调。

（2）绝大多数中成药口服药未在婴幼儿人群做过药物临床试验，哪怕当作安慰剂，也是不合格的。最后，可靠的中药和中成药需要在儿童中医医师的指导下使用，这些医师一般在儿童专科医院的中医科坐诊，他们会通过辨证施治对症下药。中医体系极其复杂，不建议随意用药，也不建议让非中医专业的人员推荐用药。

还需要注意，很多中成药中暗含退热成分的西药（主要是对乙酰氨基酚）。若吃了这些中成药再混合吃退烧药，会有药物过量风险。

（3）坚决不能静脉输注任何中成药注射液。中药成分复杂，且与其他药物配伍禁忌证不明确，进入血管后导致过敏性休克的风险不可控。这些中成药注射液具体有哪些，在后面的章节我会再次强调。

·海盐水洗鼻技巧

因为普通感冒主要是鼻腔症状，因此主要是对鼻腔的护理。婴幼儿的鼻腔护理，非常推荐用0.9%生理海盐水喷雾。别担心，这种护理方案绝不会伤害到孩子，反而能在宝宝感冒时少用或者不用药。

生理海盐水鼻腔喷雾的使用方法如下。

（1）孩子低着头喷，小月龄孩子可以抱在怀里，大月龄的孩子可以坐在餐椅中，大孩子可以自己站着，鼻尖垂直地面。

（2）双侧鼻孔需要喷洗到位：深度要够，喷头要塞入鼻腔，喷头的方向对准同侧内眼角；喷洗次数要够，每侧鼻孔的喷洗量要超过鼻腔容积的3倍，不要怕喷多了。大孩子可以自己喷，但需要在成年人监督下进行，要保证喷洗质量，还要防止孩子偷懒。

（3）每日喷洗3~5次，既要保证次数也要保证质量，不然白喷了。

（4）睡前尽量不要再喷，免得让鼻腔不舒服影响睡眠。

（5）冬天喷洗时，可以先放在适当的热水中隔水预热一下，但不能太烫。

·海盐水洗鼻疑问解答

大家经常问的关于海盐水的一些问题，我也总结了一下。

（1）生理盐水滴鼻子不行吗？

不行，生理盐水滴入鼻腔没有冲击力，难以清洗鼻腔深处。不过，对于大孩子，可以用生理盐水配合洗鼻器冲洗，用以代替生理海盐水喷雾。

（2）不会损伤鼻黏膜和破坏鼻腔内环境吗？

其实，宝宝感冒后，鼻腔内环境既有病毒，又有脱落细胞，还有鼻涕黏液，内环境本来都很差了，用高压水枪打扫一下难道会变得更差吗？不过，若宝宝没有任何鼻炎、鼻窦炎和感冒症状，确实没必要天天喷海盐水。比起感冒药，这种护理方式真的科学很多。

（3）海盐水有辐射吗？

海盐水没有辐射，是工厂用盐配制的，不是从海水中直接提取的。

（4）能用高渗盐水吗？

一般认为，不建议2岁以下的宝宝用2.2%浓度高渗盐水，这是由于渗透压很高，会让宝宝鼻腔内表面黏膜很不舒服，我们的初衷是让孩子舒服，因此尽量不用高渗盐水。

（5）可以吸鼻子吗？

不建议给宝宝用手动或者电动吸鼻器吸鼻，这可能会损伤到鼻黏膜。洗鼻子并利用重力让鼻液自然流出更科学。若洗完鼻子水还滴滴答答地流，可以用纸巾卷成条或者干棉棒擦拭鼻子，但不要捅太深。

·必要时可以使用的药物

如果因感冒影响睡眠，我们可以尝试使用西替利嗪滴剂。这是一种抗过敏药，因为感冒时，气道上皮在微生物的刺激下处于敏感状态，也就是说，感冒本质上是一种过敏。抗过敏药物的使用，使鼻塞症状在某种程度上能得到缓解。需要注意，1岁以下的宝宝使用该药品，属于超说明书用药，需要在医师或者药师指导下应用。

流行性感冒指的是甲流或者乙流。该病的症状会累及全身，表现为突发高热、精神萎靡、四肢酸痛、头痛咽痛和乏力等。大家可以看到，上述临床表现明显区别于普通感冒，流感可能没有鼻塞、流涕、打喷嚏等症状。只有在确诊流感或者密切接触过流感的孩子时，我们才建议口服磷酸奥司他韦或者玛巴洛沙韦。玛巴洛沙韦只能用于5周岁及以上的儿童，暂不展开讨论，对于奥司他韦，我整理了下表供参考。

表4.1 磷酸奥司他韦使用说明

药品名称	磷酸奥司他韦
适用年龄	年龄 ≥ 14天的流感宝宝
用法	每天2次，疗程5天

续表

药品名称	磷酸奥司他韦
优点	安全性方面验证更充足
用量	早产儿需要咨询医生 0~8月龄每次3mg/kg； 9~11月龄每次1.5mg/kg； 1~12岁：<15kg，30mg/次； 15~23kg，45mg/次； 23~40kg，60mg/次； 40kg，75mg/次 ≥13岁：75mg/次
特殊说明	①48小时内用药最佳； ②用药48小时内不可接种流感减毒活疫苗； ③原则上，接种流感减毒活疫苗2周内不应服用奥司他韦，但如果已发生感染可使用； ④对灭活流感疫苗无影响

·什么时候需要去医院

（1）第一种情况如果流清涕时间超过2周，鼻子痒，喷嚏越来越多，生理海盐水喷鼻后也不太管用，则需要警惕鼻炎，让医生面诊。

（2）第二种情况是鼻窦炎。鼻窦炎的表现是鼻塞很重，流脓涕，变换体位之后黄（绿）鼻涕明显增多，宝宝声音发闷，严重的宝宝会有头痛。鼻窦炎必须经过正规治疗才能痊愈，可能会用到抗生素，因此也需要及时就医。

5

咳嗽咳痰

咳嗽咳痰·

很多家长会说,宝宝"咔咔咔"个没完,一天到晚不停地咳。在本章,我们将全面了解一下咳嗽和咳痰是什么、为什么、怎么办。

·重新认识咳嗽

我们都知道,呛了一口水是什么样的感觉。对的,就是嗓子先有一阵异常的瘙痒,随后咳嗽一阵子。呛进去的这口水,刺激了声门以及声门下方的神经,由于这些神经极其密集并且敏感,受不了哪怕一丝丝外来物质的刺激,因此出现了咳嗽。

事实上,人类的气管、支气管、细支气管和毛细支气管上面有很多纤毛,像水底的海草一样,一刻不停地在摆动。甚至,在宝宝睡觉时,这些纤毛也不会休息。也就是说,就算没有咳嗽时,也不代表呼吸道在偷懒。有了咳嗽只能代表这些负责打扫卫生的纤毛效率太低了,或者一次性积聚了太多脏东西和分泌物扫不过来,这得靠高效率的咳嗽反射才会有效。另一方面,我们发现,有的宝宝鼻涕很多,鼻液会流向后鼻腔,刺激咽部神经诱发咳嗽反射。

发现了没有?人体是很精妙的,千百年来的进化,让我们有了自卫机制。没有了咳嗽,反而有可能脏东西排不出来。咳嗽是人体的保护性反射,孩子就算再小,也有这种反射。

但是,孩子一直咳嗽会让大人很焦虑,咳嗽的声音经常在耳畔响起,也让我们很心烦。但一般来说,不严重影响孩子喝奶、喝水、玩耍和睡眠的咳嗽,往往问题不大,也不推荐使用药物。若你发现咳嗽来源于鼻腔,洗洗鼻子也就好了。在影响宝宝睡觉和生活时,我们确实需要用药,但大部分时候并不是口服药。

·咳嗽时间长了会肺炎吗

(1)咳嗽是肺炎的表现之一,但不代表孩子咳嗽了一定是肺炎。肺炎有典型的症状，首先是精神状态差，体温升高，这是病原微生物引起的肺部广泛感染所致的全身中毒症状。

要知道，肺炎时，肯定是炎症到达了肺泡，而肺泡的内表面积是很大的，类似于一个个吹起来的气球。只有在大面积的肺部感染时，才会出现中毒症状。也就是说，如果宝宝精神状态食欲都还可以，体温没有升高，这些炎症还没有到达下气道，更没有到达肺部，宝宝大概率没有肺炎。

其次，肺炎会有其他呼吸道表现，也就是呼吸次数增快、喘憋（点头样呼吸），睡着时宝宝会因为咳嗽而醒来严重影响睡眠。这里的重点是数呼吸次数和怎么判断喘憋。我们应该掌握不同月龄的异常呼吸次数：

①小于 2 月龄宝宝 >60 次 / 分；

② 2 个月至 1 岁的宝宝 >50 次 / 分；

③ 1 至 5 岁的宝宝 >40 次 / 分。

（2）在计数和记录宝宝呼吸次数时，请注意以下几点。

①我们数呼吸次数时，孩子一定是安静的，而不是哭吵时或者刚刚哭吵过，在孩子入睡之后计数更加准确。

②数呼吸次数时，最好把宝宝的胸口露出来，以便观察有无吸气性凹陷，后者包括胸骨上窝、锁骨上窝和肋间隙，如果有凹陷或者孩子出现点头样呼吸，必须紧急就医。

③相对于数胸口的起伏，更建议数肚子的起伏来计数，肚子一起一伏算一次，打开手机计时器 1 分钟，看一下是否超过了相应月龄的呼吸次数。

④宝宝如果在发热，可能发热本身会让呼吸次数变多，一般认为，体温每升高 1℃，孩子的呼吸次数可能会增加 3~4 次 / 分。因此，我们要将体温因素考虑在内，降温之后计

数也许更容易辨别是否有肺炎。

事实上,我更加希望大家都能学会如何综合判断孩子的状态,来决定是否就医。这包括宝宝的精神、食欲、睡眠、大小便以及有无喘憋等。如果上述情况还可以,只是咳嗽,可以在家里面观察几天,并做好相应的护理。

· 有痰和没痰的区别

有痰,代表宝宝的呼吸道有更强的清洁能力。这类似于我们拖地时,如果拖把上有水或者地面有水,更容易把地面拖干净。拖把上的水就是痰,我们拖地的系列动作就是咳嗽。所以真相是,如果宝宝是干咳,我们更需要担心。如果你的宝宝一开始是干咳,后来慢慢变成湿咳了,若这时宝宝精神和体温正常,说明在好转。这里需要特别说明一点,不建议给孩子使用化痰药,下一小节我会再次强调。

· 止咳药和化痰药

首先,止咳药在婴幼儿时期肯定是不能用的,因为若我们止住了保护人体的这种咳嗽反射,无疑会导致宝宝气道内的病原微生物更加猖獗。其次,我们需要进一步了解化痰药的药物作用机制。

化痰药的本质,是让痰液稀释。对的,你没有看错,所有化痰药都是以稀释痰液为目的的,在这个过程中,会让痰液变多。在婴幼儿时期,化痰药的使用,有增加或者加重肺部感染的风险。这是一个让人难以接受却不争的事实。痰液增多本身是可以利于咳出的,但对于婴幼儿好像有某些风险,也就是说,这些益处仅对大孩子而言,对小的孩子反而有弊端。化痰药和止咳药有以下风险。

（1）咳嗽的力气来源于肋间肌、膈肌以及其他辅助肌肉，6岁以下的孩子这些肌肉没发育完善，因此咳嗽无力气，从而导致增多的痰液难以咳出来。

（2）痰液增多却没有力气通过咳嗽排出来，痰液会随着重力到达末端支气管甚至肺泡，更容易引起肺炎。

（3）止咳药和化痰药一起用，会让本来就微弱的咳嗽保护反射越来越无力，将大量痰液憋在气道尤其是末端气道内，后果可想而知。

因此，推荐6岁以下孩子不要吃止咳药和化痰药，就算是6周岁以上的宝宝，若不能听懂深咳指令也最好不用。

·雾化吸入疗法

雾化吸入疗法非常推荐。该疗法可以在气道局部起效，孩子更容易配合，没有打针和吃药的痛苦。副作用也小于口服、肌肉注射和静脉注射的给药方式，是学龄前儿童呼吸类疾病治疗的主要手段之一。但是，我们应该掌握好雾化的指征，并且需要知道哪些药物能用，哪些尽量不用。

·哪些孩子需要做雾化

并非所有孩子均需要雾化，雾化的适应证包括表格中的情况。

表5.1 雾化治疗的病种

病种	疾病
过敏性气道炎症	支气管哮喘、咳嗽变异性哮喘、过敏性咳嗽、嗜酸粒细胞性支气管炎

续表

病种	疾病
婴幼儿喘息	毛细支气管炎、喘息性支气管炎
呼吸道感染性疾病	急性喉炎、急性会厌炎、百日咳或类百日咳样综合征、肺炎
呼吸道非感染性疾病	支气管肺发育不良
其他	感染后咳嗽、闭塞性细支气管炎、支气管扩张症
外科手术相关疾病	气管插管术中、术后；腺样体切除，扁桃体切除，鼻息肉切除等

大家会发现，若宝宝有喉炎、咳嗽有痰不易咳出、喘憋严重等情况，就可以做雾化。如果自己难以辨别，则需要在医生听诊和判断后决定是否给药。至少，我们应该心里有数：宝宝咳嗽不是先想着去喂什么药，应该先想到给宝宝洗鼻子和做雾化。

·雾化机器的选择

家庭能够使用的可靠的雾化机大多价格超过一千元，无疑会让钱包"受伤"。但我们也需要知道，看似实惠的雾化机，可能并不能让雾化液体进入下气道，尤其是有些咳嗽变异性哮喘或者喘息发作频繁的孩子，会感觉做了雾化像是没有效果，会灰心丧气，会否定雾化疗法，甚至会耽误病情。总结来说，大家选购时，需要把控好以下参数：

①选射流压缩式雾化器；

②颗粒直径在 1～5μm 的颗粒＞60%；

③雾化速率≥0.25ml/min；

④残留液量≤0.8 mL；

⑤可吸入药物递送率（RDDR）高的产品。

・雾化药物的选择

在雾化药物方面，我们可以选择：①生理盐水 1—2ml+ ②布地奈德 + ③异丙托溴铵 + ④特布他林 / 沙丁胺醇。

（1）其中的生理盐水，主要是帮助雾化持续时间长一些。

（2）特布他林和沙丁胺醇属于一个种类的药物，不要一起用，选择其中一个即可。

（3）我们可以根据疾病轻重情况，选择① + ② + ③，或者是① + ② + ③ + ④。

（4）大部分情况下，① + ② + ③ 已经能够达到较好的效果。这是因为④可能会引起宝宝心率增快和手发抖，病情不重时在家庭尽量不要给宝宝用，若用了④后宝宝出现上述不良反应，需要立刻停用。

（5）一些药物不要雾化，包括但不限于：乙酰半胱氨酸、利巴韦林、氨溴索以及干扰素等。这主要考虑到婴幼儿时期不能有效咳嗽排出痰液，而且肝肾功能发育未完善。

・雾化的具体操作

雾化治疗前的准备工作以及雾化过程中的操作方式非常关键，这能确保治疗的效能和安全，甚至能缩短病程。

（1）避免过度进食。治疗前 30 分钟避免患儿过度进食，主要是为了防止在雾化过程中，由于药物刺激或患儿的不适感导致恶心、呕吐。此外，清理口腔也是为了保证药物能够更好地作用于呼吸道,而不被口腔内的食物残渣所影响。

(2)清除鼻腔分泌物。鼻腔分泌物会干扰药物的深入。因此,需要在雾化治疗前充分清除,至于如何清除需要阅读上文的海盐水洗鼻步骤。在彻底清洗鼻腔之后,"走廊"上已经没了"杂物",雾化药物就可以通过鼻腔进入下呼吸道。

(3)洗脸,并避免使用油性面霜。洗脸是为了清除面部的油脂和污垢,避免它们影响药物的吸附。不涂抹油性面霜或膏,也是为了减少药物在面部的吸附,使更多药物能够进入呼吸道。

(4)正确组装设备。管路、喷雾器和面罩的正确组装是确保药物能够顺利、有效地进入患儿呼吸道的关键。

(5)去除异味。新开启的雾化器在使用前可以先倒入生理盐水2ml,用空气吹3分钟,是为了去除可能存在的异味,避免这些异味诱发患儿的不适。

(6)雾化药不是一股脑全倒进去,应该先雾化生理盐水和异丙托溴铵3分钟左右。异丙托溴铵可以让支气管扩张,也就是先把"走廊"拓宽,以便于布地奈德的进入。雾化总时长控制在10分钟左右。

(7)选择合适的体位。雾化吸入时,选择坐位有利于药物更好地沉积在终末支气管和肺泡。婴幼儿则可采取半坐卧位,对于不能坐立的患儿,应抬高体位,使头胸部和腹部抬高约30°。

(8)选择合适的吸入方式。婴幼儿不适合使用咬嘴型,应该使用面罩型雾化吸入。

(9)保持喷雾器垂直。手持喷雾器时应保持与地面垂直,避免药液倾斜外溢。同时,雾化时面罩必须紧贴口鼻部,确保药物能够全部进入呼吸道，避免漏气导致疗效下降。

（10）鼓励宝宝用口吸入、用鼻呼出雾化微粒。口腔吸入可以尽量绕开鼻黏膜的吸入和鼻毛的阻挡，让药液更有效地进入下气道，达到治疗支气管炎和肺炎的目的。当然，用雾化治疗喉炎时，这一条并不重要。不论如何，宝宝不要睡着了做雾化，睡着时人体的呼吸很浅，药液不易进入下气道。可以雾化时给宝宝看个动画片。

（11）雾化完毕，鼓励孩子咳嗽吐出或者咳出咽下的痰液。

（12）雾化结束后，需要清洗管路，晾干。宝宝需要漱口以免药液在口腔残留，最好能够擦一下或者洗个脸，避免布地奈德存留于面部肌肤。

综上所述，雾化治疗涉及众多方面，包括雾化前准备、呼吸道清洁、设备组装、体位选择、吸入方式选择、喷雾器操作、呼吸节律的掌握以及雾化后处理等。这些工作细节丰富，却又不可或缺，能有效提升患儿的治疗效果和体验。

·咳嗽咳痰的护理

咳嗽咳痰的护理方式如下。

（1）记录孩子的体温，在睡眠状态下计数呼吸频率。体温的记录、降温措施以及如何数呼吸次数见前述章节。

（2）如果你认为宝宝的痰液来自鼻腔，需要用生理海盐水清洗鼻腔，具体措施可以见鼻腔护理章节内容。

（3）拍背排痰，这能够更有效地帮助孩子分散痰液，利于咳出。具体操作步骤：

①孩子取坐位并稍向前躬身，大人需要左手托住孩子前胸；

②大人右手手掌呈空心状，由腋窝方向向脊柱方向、由胸腰部位的双侧背部向后颈部方向，反复叩击孩子的背部；

③用上述步骤较为快速地叩击背部大约半分钟。

（4）体位引流，帮助一侧不张的肺脏重新开张，对实变的单侧较严重的大叶性肺炎也很有帮助。很简单，哪一侧痰液少，即胸片提示哪一侧更健康，宝宝就需要朝向哪一侧睡。我们利用重力，使宝宝保持侧卧位，这利于将朝上一侧的肺内的痰液引流到主支气管，利于咳出。

（5）环境湿度保持在50%~60%。太高和太低的湿度均不利于呼吸道健康，湿度太低，痰液会变黏稠咳不出来；湿度太高，可能会滋生霉菌。在北方地区，大多湿度过低，而在南方地区湿度却太高。我们需要购买湿度仪来监测室内湿度，通过加湿器或者抽湿机，来维持50%~60%的室内湿度状态。

最后，提醒大家千万不要抠宝宝的喉咙排痰，也不建议在家庭里吸痰。抠痰可能诱发呕吐反射甚至导致窒息，也可能损伤食管及咽部的血管组织。家庭吸痰不能有效监测吸引器材的负压数值，不能控制的负压很可能损伤气道。其实大家也许不知道，就算是住院，我们很多时候也不给宝宝吸痰，因为我们发现吸痰的操作本身也会让痰液变得更多。

·咳嗽咳痰的食疗

咳嗽和咳痰的食疗方包括煮梨汤、蜂蜜和硬糖。

（1）煮梨汤：取一个水分充足的品种的梨，清洗后削皮，皮不要丢弃，果肉切成拇指大小的小块；锅中适量水烧开；将梨皮和果肉块倒入锅里煮五分钟；关火，梨汤放置于孩子接触不到的地方防止烫伤，等变得温热后再少量多次给孩子代水饮用，温梨汤中的果肉也可以吃掉。关键点是从头至尾不要放任何糖。梨汤适合6个月以上的儿童。

（2）蜂蜜：蜂蜜需要干吃，每次吃纯蜂蜜小半勺，一日3~5次。1岁之内儿童由于肠道未发育完善，不建议吃蜂蜜。最好不要将蜂蜜兑水喝，蜂蜜水疗效极差。

（3）硬糖：适合5周岁以后的孩子，含服硬糖，可以是水果糖也可以是冰糖。医学上认为，在口腔内缓慢溶解的糖块会缓解咽部不适，也利于稀释痰液。婴幼儿不适合吃硬糖，因为有窒息风险，所以别尝试了。

最后，需要说明的是，对于6个月内的孩子，不能喝梨汤也不能吃蜂蜜、硬糖，只能通过少量多次地喂奶来缓解孩子的咽部不适感。6个月以下喝一点水润喉也是可以的，但不能太多，个人建议不要超过150ml/天。

·什么时候需要去医院

宝宝咳嗽出现以下6种情况，一定要去医院。

（1）6个月以下，尤其是3个月以下的孩子频繁咳嗽，建议去医院诊治。因为3个月内的小婴儿很少剧烈咳嗽，且肺炎表现可能不典型，不能耽误。

（2）犬吠样咳嗽，这往往指向喉炎。喉炎可能表现为声音嘶哑、吸气性凹陷、空空样（犬吠样）咳嗽。该病属于气道炎症引起的梗阻性问题，需要紧急解决，否则容易缺氧窒息。吸气性凹陷表现大家一定要知道：宝宝每次呼吸运动时的吸气时，胸骨上凹、锁骨上凹以及肋间隙均有凹陷。判断孩子有无吸气性凹陷，最好是在孩子睡着之后暴露上半身去判断。

（3）鸡鸣样咳嗽，一般提示百日咳。这种宝宝往往没有打过百白破、五联、四联疫苗，也可能在百白破疫苗脱靶、失活时被感染。当然，有的宝宝会在百日咳接种 2 周内，还未产生有效抗体时不幸被感染。百日咳宝宝的呼吸道痉挛较重，严重影响孩子的吃奶和睡眠，还可能引发并发症，需要就医。

（4）可疑的异物吸入。不论是玩具上的小珠子还是硬币，若发现突然不见了，宝宝又突然咳嗽起来，我们都需要怀疑孩子玩耍过这些小玩意儿并吸入到气道里面，一定要早点去医院。

（5）宝宝咳嗽超过两个礼拜，没有任何好转的情况下，要去医院。这是为了进一步明确诊断，或者进一步查找相应病原体。

（6）肺炎。宝宝发热已超过 5 天，呼吸次数增快，精神状态比较差，比较烦躁，食欲偏差，咳痰喘息都非常明显。尽管我们不能过度诊断肺炎，但如果宝宝是典型肺炎的表现，则需要去医院。

6

呕吐和腹泻

呕吐和腹泻可能一起出现，可能先呕吐后腹泻，也可能只有呕吐没有腹泻，或者只有腹泻没有呕吐。是不是觉得好复杂，其实完全不用担心。总体而言，大家需要知道轻重缓急；呕吐频繁的宝宝不能耽误，只能去医院才能解决问题；腹泻的宝宝有时并不需要担心，重点关注是否脱水。接下来，我们分情况介绍一下这些知识。

·只有呕吐

呕吐比腹泻更需要警惕，因为如果不能摄入液体，人体会脱水，不能摄取能量，人体会乏力，呕吐出胃酸和其他电解质，还会引起人体的酸碱失调和电解质功能紊乱。不同月龄宝宝的呕吐，需要考虑的问题不完全一样，处理方案也不同。

（1）如果2月龄内的尤其是满月内的宝宝频繁呕吐，每次喂奶，基本都会呕吐，体重增长不佳，比如第一个月连1斤都没长，需要及时就诊。

（2）6个月之内的宝宝只吃奶，最常见的呕吐是胃食管反流，呕吐物表现为奶汁或者混合胃酸的乳凝块，这种乳凝块像酸奶一样，有点透明状物质，是人体胃酸混合蛋白后的产物，有的时候孩子会因为呕吐剧烈伴有偶发的咳嗽，不要将呕吐的胃内容物认成痰液，这是胃酸和呕吐物，不是呼吸道的痰。

胃食管反流的主要原因是宝宝的胃容积未发育完善，部分宝宝的胃和食道夹角没有形成，这种小胃囊和直上直下的解剖结构，会让奶液像牙膏一样挤出来。我们需要做的是看体重增长趋势是否良好，如果良好，则选择头高脚低大约30°、少量多餐、剪刀手方式控制哺乳的奶汁流速等方式来解决。另外，我们最好喂奶之前先换尿不湿，每次喂完奶之后，尽量不要立刻换尿布。喂奶结束过半小时后，大部分奶液会进入十二指肠，这时更换尿不湿不容易反流。大部分胃食管反流的宝宝，在加辅食后会慢慢好转，一方面是因为胃容积和胃食道夹角形成，另一方面在于吃了固体食物也不那么容易呕吐出来了。

只有体重增长不佳的重度胃食管反流，我们才需要去医院排查原因和合并症。

（3）不论何种月龄的宝宝，如果呕吐了绿色的胆汁样液体，需要及时就诊。当然，我们先要排除吃了菠菜等绿色食物，以免将食物误认为胆汁。

（4）6个月至2岁的宝宝，如果突然呕吐频繁，需要紧急就诊，这往往提示诸如病毒感染或者持续性的肠梗阻，最常见的肠梗阻原因是肠套叠。

（5）换一种新奶粉或者吃了新品类的辅食，可能会让宝宝在吃完后2小时内呕吐出来。这种单次的呕吐，我们称之为喂养不耐受，或者食物不耐受。这种奶粉最好不要再喂给宝宝，你需要换一个品牌的奶粉试试看。如果是吃新辅食呕吐，接下来一段时间需要停新辅食，继续吃老辅食，新辅食可以在2个月之后从少量开始再次尝试。

（6）呕吐时不适合喂口服补液盐，因为短时间内必然会再次呕吐。事实上，呕吐后我们尽量在4小时内不要喂任何的东西，让应激的胃肠道稍微缓一缓。4小时后可以先喂10ml左右的温水，如果观察半小时左右不再吐，可以循序渐进地增加奶或者水，进而慢慢转变为半流质饮食。所谓的半流质指的是软烂的面条或者米粥。

（7）婴幼儿耐受脱水的能力较差，如果在12小时内呕吐超过3次，就需要去医院了。如前所述，因为短时间之内大量的水、电解质、胃酸的丢失，会导致孩子脱水、电解质功能紊乱以及代谢性酸中毒，较为严重的会影响心脏和大脑功能。

想象一下，一个流落荒岛的人，如果吃了野果子频繁呕吐将很难生存，脱水会让这个难民出现幻觉。其实频繁呕吐的孩子与此类似，我们需要认识到，吃不进去又丢了很多的情况，只能通过静脉输液纠正，这是呕吐最需要注意的事项。

·从出生就开始腹泻

宝宝如果从出生开始,体重增长正常,但大便次数一直很多,大部分情况都是乳糖不耐受所致。随着宝宝添加辅食以及胃肠道成熟,这种大便次数增多的现象会慢慢好转。在这个过程中,我们需要做的重点工作是记录体重增长趋势和合适的肛周护理,不是非常建议更换奶粉,倒是可以尝试使用乳糖酶。至于肛周护理,将在后面的章节详细介绍。

·突然腹泻

如果宝宝在没有呕吐的情形下突然腹泻,或者在呕吐1~2次后不再呕吐,出现肚子咕噜咕噜响,大便变稀甚至呈水样,大便的次数大于原来大便次数3次以上,可能就是肠道病毒的感染。

对于病毒感染引起的腹泻,我们的推荐是,少量多次地喂食液体类饮食,包括奶、淡果汁、口服补液盐Ⅲ等,保证液体和电解质的摄入,将丢失的水分和电解质补充进去。腹泻的宝宝大部分都是轻度脱水,随着液体类饮食的摄入,会在2~3天内慢慢纠正,而腹泻的周期可能会延长到2周甚至更长,但这并不需要担心,保证不脱水才是关键。

为了明确是不是病毒感染,可以将宝宝的大便放到保鲜袋中送检,粪便肠道病毒(轮状病毒、诺如病毒等)抗原检测有利于协助诊断。

较重的脱水表现是口唇干燥、眼窝凹陷、囟门凹陷、皮肤骤缩没有弹性、哭的时候没有眼泪、小便量减少到6次以下(更换小便尿不湿小于6块/天),这时需要尽快就医。儿科医生会根据脱水量计算补液量，静脉输注葡萄糖氯化钠，还会通过血气分析电解质等检查帮助判断有无电解质紊乱和代谢性酸中毒。

·腹泻留取粪常规

粪常规检验大部分情况下是为了排除细菌感染性腹泻。下面讲一下粪便标本留样和送检的重点。

（1）化验粪常规需要新鲜的大便，1~2小时内大便可以送检。不要送检尿不湿。这是由于尿不湿会将粪便中的有形成分吸收，从而使粪常规结果不再准确。我们需要做的是用保鲜膜垫到屁股和尿不湿之间，随后将保鲜膜里的大便放入拿回来的容器。

（2）化验粪常规不需要太多，检验科工作人员其实只须取黄豆大小放到显微镜下看就行，非常不建议拿一坨送检。如果粪便较多，我们应该挑最"难看"的大便，比如有黏液、血丝或者像脓血的那一点，最多10g即可。

（3）宝宝一般情况良好时不一定要来医院。家长需要挂号、让医生开检查单、付费和送检。只是为了化验粪常规，我们不需要特意去三甲儿童专科医院排队，附近的医院就可以检查并得出结果，都是一样的。

（4）如果宝宝出现发热、呕吐、腹痛、大便拉不尽、大便带有明显腥臭味且有脓血，或者大量鲜血便、柏油样黑便，必须及时去医院，不能让大人代诊和送检。

·区分细菌性还是病毒性腹泻

婴幼儿阶段的腹泻，绝大部分都是病毒感染引起的，细菌感染很少，区分细菌和病毒非常重要。

（1）粪常规的结果中，如果有个位数的白细胞、个位数的红细胞以及隐血试验阳性，都不代表孩子被细菌感染。我们要知道，肠道黏膜下有较多微血管，个位数红细胞和隐血试验阳性是因为肠道黏膜脱落和微血管破坏所致。至于显微镜下看到的白细胞，大部分都是肠道黏膜下脱落的正常白细胞和肠道上皮细胞。发现少许白细胞和红细胞，以及隐血阳性，这时候的腹泻基本上仍然是病毒性的。

（2）细菌性腹泻的宝宝除了特定临床表现，还有粪常规白细胞大量升高，至少几十个或上百个，镜下可见脓液和脓细胞，脓液和黏液有本质的区别。

（3）误诊细菌感染腹泻的宝宝屡见不鲜，他们的共性是乱用了抗生素。用了抗生素腹泻会更严重，因为这会阻碍肠道的自我修复机制，打破菌群平衡，甚至引发抗生素相关性腹泻和真菌性肠炎。

（4）黏液便也不是细菌感染的证据，只有黏液脓血便、腹痛、发热以及里急后重（拉完了没一会儿孩子又说要拉）等表现时，我们才会怀疑细菌性肠炎。

·腹泻的用药

分享一个冷知识，宝宝感染病毒性腹泻，绝大部分情况下，保证液体摄入即可，哪怕不用药都会自愈。用错了药，却会让这种简单的疾病变得棘手。其实，宝宝只要不呕吐，能吃能喝不脱水，腹泻都会慢慢好的。

·别乱用抗生素

传统观念上，我们肯定感觉吃坏肚子要吃几片氟哌酸（诺氟沙星）、小檗碱（黄连素）以及头孢等抗生素，但请记住婴幼儿时期千万不要乱用这些药物。

一方面，婴幼儿使用某些药物会有很大的不可逆的副作用。另一方面，还是前面提及的，大部分的婴儿期感染性腹泻都是病毒感染所致，最常见的是轮状和诺如病毒，不应该用抗生素或者抑菌剂。再次强调，宝宝拉肚子时用抗生素需要慎之又慎。

・合理用药

在腹泻的合理用药方面，除了口服补液盐，我们还推荐止泻剂蒙脱石散和益生菌。

・口服补液盐

（1）口服补液盐Ⅲ是给儿童设计的，Ⅲ代表一种配方，市面上还有Ⅰ和Ⅱ，但都不如Ⅲ。

（2）按照药品说明，1包口服补液盐兑250ml温水，在预防宝宝腹泻使用时，6个月以下患儿每次服用50ml，6个月至2岁患儿每次服用100ml，2岁至10岁患儿每次服用150ml。

（3）冲泡配比是很重要的，但在口服量方面，我们没必要严格按照说明书说得这么麻烦，可以宝宝拉一次喝一次补液盐水，一次50ml即可。放心，口服补液盐Ⅲ没有毒性，可以使用到孩子腹泻停止。

（4）如果宝宝不爱吃口服补液盐，我们也可以用温水和100%橙汁1:1稀释，或者用温水和捣碎的香蕉等比例稀释。这样配比渗透压不至于过高，却又能让宝宝摄入水果中释放出的钠、钾离子，非常科学实用。

・蒙脱石散

（1）蒙脱石散需要溶化在 15ml 左右的温水中摇匀冲服，可以从 1/3 开始逐步适当增加剂量，从少量到多量，从少次到多次。

（2）对于 6 个月之内的宝宝，最多一日 3g。6~12 个月的宝宝，最多 4.5g。12~36 个月的宝宝，最多一日 6g。一日吃太多，或者一次性吃太多，容易引起便秘。

（3）该药物不经过肠道吸收，逐步调整剂量以达到目标剂量，也就是让宝宝的大便次数控制在 2~3 次/天。

（4）根据腹泻情况好转，逐步减少药物剂量，直至停药。大部分宝宝在 5~7 天可以停药。

（5）需要说明的是，有些国家的最新研究指出，蒙脱石散可能会增加宝宝铅中毒的风险。因此，若宝宝大便次数不超过 8~10 次/天，个人建议最好别吃，预防脱水才更关键。

（6）需要指出，我们一定要在粪常规排除了细菌性肠炎后，才能口服蒙脱石散。因为细菌性肠炎时，由于蒙脱石散的吸附作用，细菌会长期留存于体内，繁殖后的细菌和毒素会大量进入血液，产生严重问题，这是我们不想看到的。也就是说，细菌性肠炎排便次数越多，越容易好。当然，由于患细菌性肠炎的宝宝病情大多比较危重，不容易恢复，且可能合并脏器并发症，建议住院治疗。

・益生菌

不论细菌还是病毒感染了肠道，益生菌还是很建议吃的。我们要注意以下几点。

（1）先吃蒙脱石散止泻，吃完蒙脱石散 1 小时后再吃益生菌，这有助于让益生菌在肠道里多待一会儿，从而定植下来繁殖。

（2）腹泻宝宝推荐服用 OTC 类的益生菌，菌株选择布拉氏酵母菌或者酪酸梭菌二联活菌散，吃法一样：1/2 包 1 次，一日 2 次，疗程 5~7 天。

（3）益生菌吃起来有很多讲究，这些在营养补充剂那一节会详述。

最后，温馨提醒，腹泻宝宝容易并发红屁股，非常考验臀部护理的基本功，需要仔细按照本书中护理屁屁的技巧和细节实施。

7

便秘

我们先了解一下什么是便秘。医学上对于便秘的诊断标准是，大便费力、3天以上不解大便、大便干硬，有的还会出现羊屎蛋样大便。但在婴幼儿时期，我们不能生硬地去理解这些概念。

·攒肚子

便秘多见于6个月以上加辅食的宝宝,6月之内不论是母乳喂养、奶粉喂养,还是混合喂养,都很少出现便秘。

有些6月龄内的宝宝会长时间不解大便,但没有腹胀,不吐奶,腹部平软,吃奶量令人很满意,体重增长也令人很满意,大便糊状没有硬块,我们称为"攒肚子"。

医学上确实没有特定的学术名词来描述攒肚子,但我们可以把它理解为一种生理现象,这往往是孩子肠道成熟的表现。如果你的宝宝体重增长满意,出现了攒肚子现象,你应该感到开心而不是沮丧。攒肚子的原因,通常认为是由于6个月之内的孩子吃的只是奶,而奶液我们称为无渣流质。不像我们吃的馒头、米饭、蔬菜和肉类,奶液经胃肠道消化吸收后很少产生渣,因此成熟的肠道能够将无渣的奶液消化和充分吸收,很久才会攒一泡大便。所以你看,攒肚子是一件值得庆幸的事情,这代表着孩子的消化吸收能力卓越。

但不解大便的时间过长,也会让家长烦恼和担心,因此个人建议攒肚子的宝宝,也许7~10天解一次大便更稳妥。需要说明,没有特定的理论依据支持多少天不解大便才需要干预。个人认为,如果宝宝超过了10天没有大便,我们可以在家庭中,用给宝宝使用开塞露或者肥皂条的方式(见下一小节)通便,至少让我们心里更踏实。

·帮宝宝通便

对付便秘,最基本的是将大便通出来。不同月龄的宝宝,我们使用的方法不一样。

·肥皂条通便

对于 3 个月内不是特别肥胖的攒肚子的宝宝,我们也许暂时不需要开塞露,可以采取一种较为古老的方式通便。这种方法需要用到肥皂,具体操作步骤如下:

(1)切取成人小拇指粗细和长短的肥皂条;

(2)宝宝取仰卧位,抬起宝宝的双腿,扒开小屁股蛋;

(3)将宝宝肛周涂抹润滑油,这种润滑油可以是食用油,当然我们也可以用肥皂水涂抹在肛周;

(4)将肥皂条沾一点温水,随后将肥皂条的 1/2 至 2/3 长度塞入宝宝肛门中;

(5)保留肥皂条在肛门中大约 1 分钟,然后抽出肥皂条,可见大便排出。

上述操作手法其实是医学上用扩肛器给肛门狭窄宝宝扩肛的步骤,我们将该方法内化入家庭。肥皂条在家庭中易于获得,不容易导致宝宝过敏,在小月龄婴儿中比较好用。3 个月之后的婴儿由于肛门括约肌发育较成熟,尝试此法不奏效的话,就需要开塞露通便了。

·开塞露通便

开塞露需要购买儿童款,产品会标注"含甘油"字样,规格是 10ml/ 支。通开塞露的步骤和上述肥皂条通便类似,具体步骤如下:

(1)宝宝取仰卧位,抬起宝宝的双腿,将宝宝肛周涂抹润滑油、食用油或者肥皂水;

(2)将开塞露头端用食用油润滑,轻柔塞入宝宝肛门,并迅速挤入开塞露;

（3）迅速拔出开塞露的同时，将宝宝双侧臀部向中心夹紧，以帮助宝宝屏住大便约 30 秒钟；

（4）放松夹紧的屁股，大部分宝宝可以在 5 分钟内见大便排出。

我们还需要注意以下细节。

①开塞露进入肛门前，需要充分润滑肛周，塞入开塞露头端时注意轻柔操作。

②我们不应该抵触开塞露，开塞露需要在药店或者网络有资质的大药房购买，不建议购买所谓"蜂蜜露"等非医学产品代替开塞露。这些非医疗用品是抓住了大家不愿用开塞露或者害怕依赖性的心理，其实这些用品没有严格的监管，反而会有潜在风险。

③开塞露的使用指征一般是，攒肚子的孩子超过 10 天不解大便且肥皂条通便法不奏效，或者超过 6 个月的宝宝超过 3 天不解大便。但如果大月龄的宝宝经常不解大便，建议调整为 2 天使用一次开塞露。

④使用开塞露需要果断，比如超过 3 天未解大便就不要再继续等待。

⑤开塞露连续使用 1 个月后可能存在依赖性，但这种情况非常少见。很多家长朋友会在 1 个月内寻求其他方案，有些方案真的不是很科学，恰当的方案请继续阅读。

·喝水习惯

除了开塞露，帮助宝宝养成多喝水的习惯，是对抗便秘顽疾的另一个基本治疗方式。

（1）也许你听说过宝宝几个月需要喝多少毫升水，但其实孩子的大脑都有自己的调节机制，渴了自然要喝，喝饱了肯定不喝了。喝水不用计量，渴了就喝，最好少量多次喝。

（2）宝宝只要不是一次喝500ml以上，不会水中毒，不要听信一些网络谣言，水中毒非常少见，事实上大部分宝宝都是水喝得不够。

（3）若你发现孩子的小便很黄，或者出汗多，一天小便只有6次及以下，说明喝的水不够。在所有儿童当中，喝水不够的宝宝占大多数，尤其是夏天或者南方地区，那些爱运动的孩子更加缺水。

（4）为了让宝宝多喝水，我们可以煮一点水果水给他喝，水果可以选择苹果或者梨，有味道的水也许会让孩子爱上喝水。请记住，里面不要额外放糖或者蜂蜜。

·排便习惯

在保证摄入水分充足的基础上，排便训练和排便习惯的养成，也非常重要。大约从宝宝一岁半开始，我们就可以让宝宝在小马桶上训练排便，这有助于培养大便的习惯。

有研究指出，早餐后去尝试蹲厕所，更利于顺畅排出大便。因此训练排便最好在宝宝早餐后进行。比如每日早晨9点钟左右，我们让宝宝坐在小马桶上5~10分钟，时间不能太长。大人蹲在或者坐在宝宝旁边陪伴他，不要刷手机。如果10分钟以后拉不出来，就让宝宝去玩耍。也许你发现这根本改善不了便秘，以为训练排便徒劳无功，但其实宝宝的肠道和排便反射已经在潜移默化中改变了。

·便秘的食疗

喝水是最基本也是最重要的食疗方式，身体内部缺水，大便就会干燥。在充分饮水的基础上，我们发现还有一种物质叫膳食纤维，能改善便秘。

为了让孩子多摄入膳食纤维，我们推荐多给孩子吃绿叶蔬菜。也许有的宝宝不爱吃蔬菜，我们可以将蔬菜打成泥和面，包饺子、馄饨，或者做蔬菜面吃。将蔬菜打成泥无疑会破坏膳食纤维，这只是在宝宝不吃蔬菜时退而求其次的办法，毕竟碎的膳食纤维也比没有强。

除了膳食纤维，还有一种物质是山梨糖醇，也对便秘有好处。综合这两种物质，我们选出了四类水果：西梅、火龙果、猕猴桃和鸭梨。如果你的宝宝便秘，我们就不要再尝试其他水果了，毕竟宝宝的胃口就这么大，对便秘最好的都选出来了，尝试其他的水果食疗也不会有效。四种水果中，总有一款水果是宝宝爱吃的，我们可以开动脑筋变换花样，四种水果中的某一种吃腻了或者过季了，可以循环尝试另一种。

需要特别说明，有几种食物常常被认为可以缓解婴幼儿便秘，但这些观点都是错误的。

（1）香蕉

①香蕉的外形和颜色与大便相仿，也许是香蕉治疗便秘误解的来源和谣言的原点。

②我们不建议便秘的孩子吃香蕉。香蕉能通便是一个误会。有些宝宝吃了也许管用，但对更多的宝宝是不管用的。

③真正让香蕉对抗便秘的是果糖，人群当中有一些不同程度的果糖不耐受患者，他们吃了果糖含量高的水果可能会腹

胀和腹泻，这种腹泻缓解了原有的便秘。

④吃香蕉调理便秘管用的宝宝，吃其他水果其实也应该管用。其他水果也含有丰富的果糖，在果糖含量方面香蕉并不具有独特性。

⑤不成熟的香蕉可能含有鞣酸，如果错把香蕉买成了芭蕉，则鞣酸含量更多，这种物质会加重便秘。

（2）红枣

红枣也含有丰富的膳食纤维，尤其是新鲜红枣的皮中有很多纤维物质。但考虑到红枣的皮容易粘在宝宝的上腭和口腔内表面，红枣来做米糕吃并不适合婴幼儿。让婴幼儿直接吃红枣也是极其危险的，因为枣核会让孩子窒息。不论是鲜枣还是干枣，对付便秘本身挺好，但显而易见，更适合大孩子或者成人。

（3）蜂蜜

蜂蜜中90%以上的物质都是糖分，除非宝宝本身是果糖不耐受患者，否则并不能通便。此外，1岁内宝宝口服蜂蜜还有中毒风险。

·便秘的药物

如果宝宝通过上述方法，尝试了半个月都无效，也许我们可以尝试用一点安全的药物了。

首先，再次强调，在使用药物之前，一定确保已经间隔3天保持了开塞露通便。因为肛门内囤积的大便会让肛周括约肌失去本来该有的弹性，我们需要保持"下水道"畅通无阻。下水道通了，下一步才是收拾管道内的杂物。

目前安全的用药方案包括乳果糖和聚乙二醇。聚乙二醇需要根据个体情况遵医嘱口服，我们在这里只分享乳果糖使用的要点。

（1）乳果糖适合6个月以上的便秘儿童。

（2）乳果糖应该在早晨空腹吃，也可以兑入早餐或者混入早晨第一顿奶中口服。

（3）乳果糖基本是从5ml开始口服，5ml属于初始剂量。若无效可以每日逐步增加剂量，直到找到维持量。维持量的判断标准是保证宝宝每日能够解2~3次稀便。每个宝宝的维持剂量不一样，必要时应该在医生指导下应用。

（4）找到维持量之后，需要持续口服乳果糖。不要擅自停药，一般建议维持剂量吃1个月后慢慢减量，直至停药。减量过程中，根据宝宝大便情况，可能会加回到维持剂量。

（5）乳果糖的治疗案例中，有的宝宝从8个月吃到6周岁才停药。在这过程中并未发现明显副作用，也没有产生依赖性，因此不用担心。当然，大部分宝宝，在肠道发育逐步成熟的过程中，便秘会自行缓解，乳果糖也就随之减停，不需要口服那么久，绝大部分宝宝在1~3个月停药。

最后需要说明，目前对于益生菌来调理便秘是否有效，没有高质量的临床研究和专家共识。某些研究指出罗伊氏乳杆菌也许可以调理便秘，但个人发现，益生菌缓解便秘因人而异。便秘宝宝可以尝试益生菌，但若口服超过4周无效，则建议停用。

·什么时候需要去医院

令人欣慰的一点是，真正需要去医院的便秘宝宝是相当少见的。这些顽固的便秘患儿主要包括以下情况。

（1）通开塞露不能将大便排出，或者伴有严重腹胀和呕吐的宝宝，需要立即就医。

（2）宝宝不只有便秘，还伴有严重的生长发育迟缓，体重一直难以达标，甚至原地踏步，需要就诊排除牛奶蛋白过敏。

（3）家族中有乙状结肠冗长症患者的宝宝，出现了便秘，需要做肠道造影来诊断。

（4）乳果糖在3岁后仍不能逐步停用，或者口服到较大剂量，便秘仍然无任何缓解者，需要进一步查找原因。

8

过敏

过敏实际上是免疫系统的一种异常反应。尽管正常情况下，免疫系统能够容忍食物等外来但无害的物质进入体内，但在某些个体中，免疫系统错误地将某些通常无害成分识别为有害物质，并启动过度的免疫反应，医学上叫超敏反应，也称为"变态反应"。因此，过敏现象可以看作免疫系统识别机制的一种"误判"。过敏的宝宝，释放组胺和其他炎症介质，出现系列症状。大部分情况下过敏不是免疫力低，反而是免疫过度。

导致过敏宝宝发生过敏的物质，我们称为过敏原。过敏原不只有食物因素，还包括药物因素、环境因素以及病原微生物因素等。接下来我们探讨婴幼儿时期的常见过敏现象。

·牛奶蛋白过敏

中国部分城市的研究显示，0～3岁婴幼儿牛奶蛋白过敏的患病率约为0.83%～3.5%。该病症状无特异性，常可累及多器官系统，如皮肤、胃肠道及呼吸系统等，甚至可发生严重过敏反应。该病的原因在于牛奶或者母乳中的蛋白质成分，诱发了孩子多个系统的过敏反应，引起系列症状。

由于很多医生常忽视本疾病，加上本病不具有特异性，所以经常漏诊。等到确诊时，很多宝宝生长发育已受到了严重影响。另一方面，有相当程度的轻度牛奶蛋白过敏的儿童，被过度诊断为重度过敏，进行了不恰当的治疗或者过度治疗。牛奶蛋白过敏的过度诊断和治疗虽然问题不大，但也应避免。

首先，如果母亲在孕期有甲状腺功能的任何疾病，需要完善宝宝的甲功五项检查，排除甲状腺功能减退导致的生长发育不足。如果宝宝母亲没有甲状腺功能问题，且查宝宝的甲状腺功能五项均没有问题，宝宝一直生长发育迟缓，只吃奶不长肉，就需要仔细寻找是否有相应过敏的表现和过敏的家族史，因为这时候我们不能排除该病。

·牛奶蛋白过敏的轻重

笼统来说，我们可以将该病分为轻度和重度，处理方案完全不一样。

（1）轻度牛奶蛋白过敏主要包括以下几个方面的表现：

①胃肠道：反复反流、呕吐、腹泻、便秘（伴或不伴肛周皮疹）、便血；

②皮肤：湿疹样表现、红斑、风团、血管性水肿；

③呼吸系统：非感染性流涕、慢性咳嗽及喘息；

④一般情况：持续肠痉挛（≥3h/d，≥3次/周，持续≥3周）。

（2）重度牛奶蛋白过敏的表现包括以下几个方面：

①胃肠道：由于拒食、腹泻、呕吐或反流造成生长障碍、中到大量的便血造成血红蛋白下降、蛋白丢失性肠病、内镜或组织学证实的肠病或溃疡性结肠炎；

②皮肤：严重渗出性湿疹样表现伴有生长障碍、低蛋白性贫血或缺铁性贫血；

③呼吸系统：伴有呼吸困难的急性喉头水肿或支气管阻塞；

④严重过敏反应：症状进展迅速、累及两个以上器官系统，尤其是心血管系统，出现如血压下降及心律失常等表现，甚至过敏性休克。

· 牛奶蛋白过敏的处理

上面列出的轻重度分级内容过于复杂，我们可以适当地简化，从而找到家庭可以判断的症状以及针对性决策方案。一般来说，轻度牛奶蛋白过敏，我们一般选择观望和等待，在保持喂养量和固定喂养方式的同时，监测宝宝的生长发育曲线是否达标。重度过敏往往推荐更换深度水解配方或氨基酸配方奶，这两种奶我们称为特殊医学配方奶，需要停母乳和任何其他奶粉，只吃特奶3~6个月，继续观察相应过敏症状是否缓解，并观察和记录体重趋势。

牛奶蛋白过敏的知识庞杂，我们接下来分享一些非常重要的"干货"，很多疑问会迎刃而解。

（1）宝宝轻微便血，有血丝便，如果不影响孩子的喂养和体重增长，没有呼吸困难，没有大面积继发感染的严重湿疹，倾向于不处理。这些血丝便其实大概率不影响孩子,也不会导致孩子贫血。血丝便的原因是蛋白质让肠道内表面的黏膜过敏了,某种程度上影响对奶液中营养物质的吸收。如何判断程度轻还是重,不是依靠血丝便的量、频次,而是看是否能将奶液转化为自身能量,也就是体重能否正常增长。血丝便考验的是大人的心态,因为这种血丝便会持续到1周岁甚至更久,断断续续,每次都触目惊心、挑战着父母的视觉神经,并引起父母内心情绪的变化。某些时候,医生会根据家长的焦虑程度和对本疾病的认识程度,来决定是否推荐换氨基酸或深度水解配方奶粉。但这里一定要强调,这些情形大多数是为了治疗母亲的"血便焦虑症"。对孩子来说,很难讲为了让血丝消失而去换医学用途配方奶是否真的有益,因为事实上绝大部分的孩子本身不需要换奶。只能说,如果有血丝便的轻度过敏宝宝,碰到了一对气定神闲、安之若素的父母,又恰巧碰到了一个能鼓励母乳喂养并对牛奶蛋白过敏认识很清楚的儿科医生,这对孩子来说无疑是最幸运的。总而言之,我们不要太关注大便,我们应该关注的是体重增长趋势。

(2)宝宝在90天内每周长250g以上,90天之后每周长125g以上,就算是体重增长满意,就不应该再去关注血丝便。

(3)宝宝如果有湿疹,我们可以通过定期使用丁酸氢化可的松乳膏来缓解。宝宝体重增长满意时,轻中度湿疹也不应该作为换氨基酸配方奶的依据。

(4)母亲如果一直没有忌口,宝宝突然出现了牛奶蛋白过敏,可以回溯一下近2天有无吃过之前没吃过的食物,这些食物可能是诱发过敏的因素。然而,更重要的是如果没有可疑食物,则不需要,也没必要去深度忌口。

（5）不建议忌口理论上是因为母乳的成分较为恒定，里面含有多种蛋白质，哪怕天天只喝水，母乳中其实还是含有很多品类蛋白质，宝宝对其中哪一种或者哪几种蛋白过敏，很难寻觅。因此哪怕深度忌口了，血丝便极有可能依然会存在，体重原地踏步也很大程度上不能得到改善。相信我，这种费力不讨好的深度忌口方式，真的往往徒劳无功。

（6）如果打算忌口，对忌口有执念，建议母亲忌口牛奶、奶制品和豆制品，其他食物忌口意义不大。对孩子来说，母亲非常深度的忌口可能会让母乳营养素不全；对母亲来说，很多东西不能吃，也不利于满足母亲的食欲。深度忌口不能保证宝宝长得好，也不能保证没有血丝便等过敏症状，这更会触动母亲的焦虑情绪，真的得不偿失。

（7）适度水解奶，又称为部分水解奶，并不能治疗任何的牛奶蛋白质过敏，只能给轻度过敏患儿的父母一丝安慰。治疗牛奶蛋白过敏的宝宝的配方奶，只有氨基酸配方奶或者深度水解奶，医学上称之为特殊配方奶，简称特奶。

（8）如果宝宝已确定重度过敏，我们就不要再混入母乳或者适度水解奶去混合喂养，因为这无异于掩耳盗铃。母乳混着特奶吃也非常不正确，因为不能避免接触母乳中的蛋白质。事实上，掺杂着任何一种含有蛋白质成分的奶，都是一种变应原，都可能继续刺激孩子过敏。因此，一旦决定吃特奶，我们需要贯彻到底，不能频繁更换奶粉或者通过混合喂养方式来折腾孩子。通俗来讲，重度过敏宝宝除了特奶，别的奶一口也不能吃了。

（9）特奶不会没有营养。特奶的能量并不少，这种奶的特点是规避了蛋白质，但其中的各类其他营养物质与普通配方奶没有很大差别，不要担心长时间吃特奶对宝宝不利。

（10）更重要的知识点是，特奶属于特殊配方食品，本身不应该应用于轻度过敏的孩子和普通宝宝。因为这种奶是在工厂中，人为地把蛋白质制作成了多肽或者氨基酸，不符合非重度过敏儿童的消化吸收生理特点。所以我们需要重点聚焦特奶滥用的问题，也就是上文提到的过度诊断和治疗。

（11）如果母亲过于焦虑，3个月内的宝宝，我们可以换成深度水解奶试试看，吃了效果满意，孩子则需要吃到至少9月龄。在这个过程中，过敏没有任何改善，则需要改成氨基酸配方，有部分宝宝吃深度水解配方奶也不能彻底治疗过敏，最终还是要改成氨基酸奶粉。个人更建议重度过敏宝宝直接用氨基酸配方。

（12）对于3个月以上、确定重度牛奶蛋白过敏的孩子，个人推荐宝宝直接更换氨基酸配方奶吃到9个月。之所以提到9月龄这个界限，是因为我们通常建议先加辅食，等宝宝耐受了相关高敏食物后，再准备从特奶转奶。

（13）宝宝如果决定换特奶，需要立刻转变喂养方式，不需要转奶。当从氨基酸配方奶转成普通奶粉时，建议降阶梯转奶，即从特奶转为适度水解奶吃2个月，再从适度配方转为普通配方。这种方式个人称之为"降阶梯"转奶。需要注意，我们不必在转奶时用氨基酸配方转深度水解配方，氨基酸配方也可以直接转适度水解。最后告诉大家，个人建议转奶时按"顿"转而不是按"勺"转，具体转奶方式见下表。

表 8.1 转奶流程

转奶开始	第1顿	第2顿	第3顿	第4顿	第5顿
第 1~3 天	旧	旧	新	旧	旧
第 4~6 天	旧	新	新	新	旧
第 7~9 天	旧	新	新	新	旧
第 10~12 天	新	新	新	新	旧
第 13 天及以上	新	新	新	新	新

· 牛奶蛋白过敏的误区

牛奶蛋白过敏宝宝治疗不顺利，还有一些其他原因。在自己频繁查找相对不那么可靠的资料的过程中，父母会决策失误。下面是我的一些病人犯过的错误和认识误区，一并分享给大家，我们不要再"踩坑"。

（1）随意更改喂养方式。本来该严格口服氨基酸奶粉 6 个月甚至更长时间，结果吃了一个月索性自己给转奶了，或者吃吃停停、混着母乳吃。

（2）认为补充剂会缓解过敏。过敏的宝宝需要做减法而不是加法，需要氨基酸或深度水解奶喂养的宝宝，只能补充维生素 D，其他的营养补充剂建议都停掉。加了不该加的营养补充剂，会导致过敏一直好不了。一些宣称能帮助过敏宝宝的营养剂，可能暗含过敏原，给本来就已经过敏且很难判断过敏原的宝宝，又设置了一层迷雾。

（3）看了一次医生就再也不去复查了。牛奶蛋白过敏，尤其对重度过敏宝宝来说，是一场持久战或者马拉松赛跑，需要定期复诊。若不和医生沟通，也没有定期寻找医生复诊，尝试了一些网络上或者亲朋好友推荐的偏方，常常导致宝宝过敏加重。

总而言之，个人推荐轻度牛奶蛋白过敏的宝宝，如果能够坚持母乳喂养，且不重度忌口不焦虑，是最好的。好在大部分牛奶蛋白过敏的宝宝会在1岁之后好转，且大约有90%的过敏儿会在3周岁后过敏症状完全消失。养孩子，很多时候就是靠等待，时间会治愈一切。

·食物过敏

幸运的是，除牛奶蛋白过敏之外，其他食物虽然也会引起过敏，却远没有那么令人讨厌。

大家要知道，轻度的过敏是吃了过敏的东西起疹子、浑身痒，导致湿疹暴发。这时往往停掉过敏食物即可，最多用几天抗组胺药（盐酸西替利嗪滴剂）。轻度过敏的食物可以在半年之后再次少量尝试。

我们更需要知道宝宝严重过敏症状的表现形式。它们包括血管性水肿（眼睛肿、嘴巴肿、手指头和脚趾头肿）、喉梗阻和呼吸困难（孩子喘不上气）、头晕和晕厥、尿失禁。这种严重过敏情形一定要去医院。相较于欧美国家，个人从临床实践发现，我国的严重过敏（气道水肿、休克）的宝宝不是特别常见。而且，科学研究指出，我国对牛奶和鸡蛋过敏的人真不是那么多见，对小麦和荞麦过敏更常见。

看到了吗，虽然我们在宝宝养育过程中发现很多过敏现象，但轻度过敏占绝大多数。而且，随着孩子成长中的免疫稳定，过敏的食物会慢慢变得不再过敏，对某种食物一辈子重度过敏的宝宝是比较少见的。若宝宝3岁之后还对某些食物过敏，需要将这种食物记录下来,并在入园时告诉幼儿园老师。

·食物不耐受不是食物过敏

食物不耐受和食物过敏是有本质区别的。不耐受的特点是宝宝吃了某种食物后剧烈呕吐,没有皮肤和黏膜以及呼吸道的过敏表现。这代表着暂时无福消受这种食物。

举个例子,我们几名医务人员被派往非洲某部落义诊半年,当地酋长热情好客,用刚打回来的野猪肉招待我们,可惜来自中国的我们无福消受,每人都回赠了部落群众一幅由呕吐物制作的山水画。由于物资匮乏,我们以后每天还是只能吃野猪肉。两个月后,我们学会了热情的民族舞,喜欢上了热带草原风情,吃野猪肉也不再呕吐,反而觉得美味无比。

让我们再说回现实,现如今物资丰盈,若宝宝出现对某种食物不耐受,我们可以停掉这种不耐受的辅食,等3~6个月后再试试看。随着消化系统的发育,不耐受的食物大部分都会在半年后慢慢耐受。孩子是很神奇的,每天都在变化着。你能看到的是身高体重等表象的变化,其实其他系统包括消化系统都在慢慢成熟。

·过敏原检测

在婴幼儿时期,为了判断牛奶蛋白过敏和食物过敏而去做任何过敏原检测都是不推荐的,因为这无助于确诊,也不能够指导后续要规避的过敏物质。

目前临床上开展的过敏原检测包括IgE和IgG。

(1)IgE给出的报告单数值的高低,只能代表过敏的可能性,这只是一种概率,并不是确诊依据。

（2）人体是相当复杂的，很多食物过敏属于非 IgE 介导的过敏反应。比如，一个从小就喝牛奶的宝宝，无任何过敏症状，测出来的牛奶那一项的 IgE 数值很可能爆表；明显吃了鸡蛋就过敏的宝宝，测出来鸡蛋那一项的 IgE 数值也很可能在正常范围。食物过敏诊断中的一种常见误区是未能充分认识到阳性检测结果并不能直接等同于实际存在食物过敏，同时，未结合宝宝的饮食日记而广泛地开展筛查测试，这不仅增加了诊断的复杂度，也使得判断过程更为困难。

（3）IgG 就更不靠谱了。大家可以这样理解，我们喝了一杯鲜橙汁，肯定会在体内留下痕迹。IgG 就代表这种痕迹，IgG 升高只是告诉你这种痕迹，它才不管你过不过敏。我吹过你吹过的风，真的不能算相拥。如果说 IgE 检测某种程度上还有一丢丢医学价值，那么 IgG 检测真可以说毫无意义。

（4）我们有时候可以找到相应的字段来区分这两种检测方式，有"KUA/L""IU/ml""总 IgE""0-0.35"等字样的是 IgE 检测，而有"食物不耐受""IgG 抗体"等字样的是 IgG 检测。然而学会区分它们并没有什么用，毕竟两种检查都不可靠，对婴幼儿的食物过敏来说也没有什么临床意义。没有用的知识又增加了。

· 食物过敏的诊断

食物过敏辨别方面，真正有帮助的是食物回避激发试验。
（1）我们以鸡蛋为例，演示一下该试验的三个步骤：
①第一步，发现好像是鸡蛋过敏，宝宝大面积起疹子；
②第二步，停掉鸡蛋，疹子的症状几个小时内就消失了；
③第三步，再尝试两口鸡蛋，又出类似的疹子。

上述三步走的手段，才是食物过敏诊断的金标准，是食物过敏诊断中不可替代的方法。但需要注意，有一点风险。比如孩子对某种食物真的强过敏，出现了过敏性休克，那就麻烦了。所以需要谨慎进行试验。

总之，不论孩子是否过敏，我们都需要以平常心对待，在添加辅食时，建议记录饮食日志，不要依赖任何过敏原检测报告，如前所述，那些是不可靠的。

· 过敏宝宝如何喂养

有几个过敏儿的养育技巧，分享给大家。

（1）发现宝宝对某种食物过敏时，可以暂停这一类辅食，其他不过敏的食物品类照吃不误。比如对鸡蛋过敏的，就可以尝试海鲜。不要盲目发散思维扩大避食品类，放心大胆却又小心谨慎地小口尝试，别慌别紧张。

（2）对于大部分的过敏食物，我们可以暂时先规避这种食物6个月，半年后再次尝试，而不是认定孩子这辈子无缘吃这种食物了。

（3）不论宝宝对什么食物过敏，只要对既往接种的疫苗不过敏，就可以打疫苗。

（4）之前有过牛奶蛋白过敏的宝宝，可能会有食物过敏。这些宝宝可以稍微提前一点加辅食，比如在4~6月龄之间的某一天。更多关于加辅食的内容见后续章节。

（5）宝宝3岁后已经确定对某种食物过敏了，可能会伴随一生。不接触过敏食物，是对过敏儿最大的帮助。过敏的宝宝每次就诊时、上幼儿园时、出门旅游时，都需要跟医护人员、其他照料人以及自己提个醒。需要知道，改变居住环境就属于旅行，有的宝宝回一趟老家都会诱发食物过敏。

（6）无论宝宝有无食物过敏，都建议在每次带孩子出门的小背包里备好抗过敏药物，有时候真的能解燃眉之急。

（7）对牛奶、鸡蛋、大豆、小麦等过敏，随着宝宝年龄增长会慢慢不再过敏。但注意，对花生以及其他坚果类过敏往往会持续到成年。

（8）目前没有充分证据支持母亲孕期、哺乳期及儿童自身使用益生菌等可以预防食物过敏。

9

打疫苗

打疫苗·

人体免疫系统展现了一种精密复杂的防卫体系，其关键任务之一在于分辨自身组织与外来物质，并针对诸如病毒、细菌等病原微生物发动精准的免疫响应。一旦外来的病原体侵入身体，免疫系统便会启动识别机制锁定这些"入侵者"，并触发适应性免疫反应，其中包括 B 细胞制造的抗体以及 T 细胞所驱动的细胞免疫作用，二者共同对抗和消除外界威胁。

疫苗是巧妙运用这一防御原理的产物。它通过向人体内引入经过特殊处理、丧失复制能力或毒性减弱的病原体成分（例如灭活病毒或减毒的亚单位抗原），让机体免疫系统误以为发生了真实的感染状况。在不引发疾病的前提下，疫苗能诱导免疫系统形成对特定病原体的记忆 B 细胞及记忆 T 细胞群体，并产生相应的特异性抗体。这样一来，当真实致病病毒发起攻击时，免疫系统能够迅速动员已有的记忆细胞库，高效地大量生成中和抗体以应对病毒，从而实现疾病的预防或减轻病情的效果。

婴幼儿时期需要接种很多疫苗，作为免疫屏障建立的重要环节，大家肯定会有很多问题。本章我们先分享不同月龄的自费和免费疫苗具体有哪些。章节末尾，我会将各种免费和自费疫苗的接种顺序，整理成表格分享给大家。同时，本章还会解答大家关于接种疫苗的系列疑问。

·疫苗接种指南

宝宝什么时候需要打什么预防针,这些预防针有什么作用,能管多久,下面让我们剖析一下。

·出生时

新生儿生命中的首剂疫苗接种,实际上包含了两种疫苗的接种,即卡介苗和乙肝疫苗的第一剂接种。

(1)卡介苗,只需要一针。它的主要功能在于预防结核病以及结核病的并发症。目前,包括中国在内的众多国家已将卡介苗列入国家免疫规划疫苗清单,全球累计已有超过30亿人次接种了卡介苗。新生儿应在出生后一个月内完成卡介苗接种,其保护作用可维持长达15至20年,甚至部分研究指出,保护期可能延伸至50至60年之久。这针免费疫苗简直超值了。

关于卡介苗接种,大家可能还有一些疑问,这里一并解答给大家。

①母亲若有结核病史,新生儿应暂缓接种卡介苗。查新生儿若无结核病的感染活动状态,再行接种。新生儿体重不满2500g,暂缓接种,等待体重长上去再打。

②卡介苗接种后可能会慢慢形成小溃疡,这是疫苗的正常反应。我们用碘伏棉签消毒并擦掉表面渗出物,保持局部清洁即可。

③卡介苗接种之后大部分是先发红,形成溃疡,然后结痂。不要去抠痂皮,等8~12周自然脱落。最终卡介苗接种部位会留下一个小疤痕,我们叫卡疤。

④宝宝出生3个月内可以直接进行卡介苗接种,3个月以上的宝宝需要先做结核菌素试验,阴性方可接种。4岁以上的

儿童不再适合接种卡介苗。

⑤有少部分(大约10%)宝宝接种卡介苗后不会形成卡疤,甚至就像没打过疫苗一样。这不代表接种失败,也不需要补种。

(2)乙肝疫苗,也是免费疫苗。它是预防乙型肝炎病毒感染的最优策略。婴幼儿一旦感染乙肝病毒,转为慢性感染的概率极高,近乎达到90%,且一旦成为慢性乙肝患者,往往难以实现自愈。通常在宝宝出生后的24小时内,即会进行第一剂接种,总计接种三剂,遵循0-1-6的接种程序,也就是第二和第三针分别在满月和6月龄接种。

关于乙肝疫苗,大家可能有一些疑问,一并解答如下。

①乙肝表面抗原阳性的母亲所生的宝宝,应该在出生12~24小时内接种乙肝疫苗,并且注射乙肝免疫球蛋白。

②乙肝表面抗原阳性的母亲所生的宝宝,应该在按照0-1-6流程注射乙肝疫苗的基础上,在7~8月龄,抽血查一下乙肝标志物和乙肝病毒DNA。若发现乙肝表面抗原阴性,抗体滴度低于10mIU/ml,需要按照0-1-6的免疫程序再接种3针。

③乙肝病毒携带者母亲所生的早产儿,应该在出生后尽早接种第一针乙肝疫苗。宝宝满1月龄之后再按照0-1-6接种3针。

· 1月龄

在宝宝满1月龄时,需要接种乙肝疫苗的第二剂和五价轮状病毒疫苗的第一剂。

我们主要说一下轮状病毒疫苗。轮状病毒感染是导致全球5岁以下儿童严重脱水性腹泻的主要原因,症状包括呕吐、腹痛、嗜睡和易怒等,给全球带来了沉重的疾病和经济负担,也是我国面临的重大公共卫生问题。疫苗是预防轮状病毒感染最有效、最具性价比且最便捷的方式。

个人更推荐进口的五价轮状病毒疫苗，该疫苗能够预防由五种常见血清型轮状病毒（G1、G2、G3、G4、G9）引起的胃肠炎。更重要的是，它提供了长期的保护，一旦在规定时间内完成接种，家长们就无须每年都为这个问题操心了。进口五价轮状病毒疫苗的保护效力高达95.5%，其保护效果可持续长达7年，每剂疫苗的价格大约在300元。

五价轮状疫苗接种注意事项如下。

（1）接种时间较为严格，只适用于6至32周龄的宝宝。整个接种过程需要三剂次，每剂次的接种间隔为4至10周。

（2）宝宝如果每天腹泻超过3次，应暂缓接种。当然，这并不包括出生后大便就很多次的宝宝，因为这些宝宝大多数是乳糖不耐受。也就是说如果宝宝大便的次数，超过了原来规律次数的3次及以上，才认定为近期感染导致腹泻，只有这种情况才暂缓接种。

（3）轮状疫苗是口服疫苗，建议在宝宝饥饿的时候去吃，如果排队排到了你，应该选择等待孩子食欲上来之后再去喝，你的号码牌可以顺延。这是由于若口服过程中出现了呕吐，将不能补喝。

（4）轮状病毒疫苗的不良反应之一是腹泻，但大部分都是轻度的和自限性的，也就是说大部分宝宝都慢慢耐受，几天内都自己能好，别担心。

（5）该疫苗是减毒活疫苗，在注射过免疫球蛋白3个月内应避免接种。其他活疫苗也是同样的道理。

（6）为了达到最好的接种效果，我们尽量在口服疫苗之后半小时内不喝配方奶，因为对疫苗中的活性物质来说，奶瓶里的奶太烫了。母乳喂养不存在这方面的要求。

（7）轮状病毒疫苗只能预防某种程度的轮状病毒感染性腹泻，不能预防其他病毒引起的腹泻。就算是这样，也强烈推荐大家给宝宝接种。

· 2月龄

在宝宝满两个月时，推荐接种两种非免疫规划疫苗，分别是五联疫苗的首剂和13价肺炎疫苗的首剂。

（1）五联疫苗是一种进口疫苗，能同时抵抗白喉、百日咳、破伤风、Hib（b型流感嗜血杆菌）以及脊髓灰质炎五种疾病。相较于四联疫苗，五联疫苗价格略高，每针费用大约在600元，但其优势在于大幅度降低了宝宝接种的次数。宝宝仅须接种4剂疫苗，分别在2、3、4和18月龄时接种一次，这就比四联疫苗减少了4针脊灰疫苗的接种。相对于原本需要分开接种的百白破疫苗、Hib疫苗和脊灰疫苗总共12剂次，使得宝宝减少8次接种的麻烦，还可以降低多次接种带来的不良反应概率，这钱其实花得值。因此，如果经济条件允许，五联疫苗是一个更优的选择，不必担心五联一次打进去孩子受不了的问题，重点是父母的钱包是不是受得了。如果不愿或由于疫苗缺货不能够接种五联或四联疫苗，我们需要分开接种百白破疫苗和脊灰疫苗。某些脊髓灰质炎疫苗剂型是口服的减毒活疫苗，注意在宝宝空腹饥饿状态下口服，避免接种时呕吐，不能补种。

（2）13价肺炎疫苗，虽然也被归为非免疫规划疫苗，但0~2岁的婴幼儿恰恰是肺炎球菌性疾病的高风险群体。根据世界卫生组织统计数据，全球每年有200万名5岁以下儿童死于肺炎，而中国的5岁以下儿童肺炎球菌感染病例数排名世界第二，仅次于印度，鉴于此，非常推荐接种13价肺炎疫苗。

大家对13肺炎疫苗有很多疑问，下面给大家一一解答。

①进口的13价肺炎疫苗已经扩龄到了5周岁，和国产一样。

②国产和进口的13价肺炎疫苗效果差不多，价格方面，四针算下来共相差大约500元。国产和进口效果差别不大，不要因为进口没货就拖着不打。

③研究证据显示，完成全部免疫程序后，13价肺炎疫苗的保护期能达到5年以上，好在5周岁之后发生重症肺炎的概率就低了。

④大家可能把焦点都放在了肺炎上，而忽略了接种疫苗的预防重点是肺炎链球菌。肺炎链球菌性疾病，包括肺炎、中耳炎、鼻窦炎等非侵袭性疾病，以及菌血症、脑膜炎、菌血症性肺炎等侵袭性疾病。宝宝若接种了13价肺炎疫苗，相应肺炎链球菌血清型引起的上述部位感染，也一并预防了。

⑤宝宝得过肺炎，说明对呼吸道部位的感染更敏感，更加推荐接种13价肺炎疫苗。

⑥对于非肺炎链球菌导致的肺炎，以及疫苗未覆盖的肺炎链球菌血清型，13价肺炎疫苗没有任何预防作用。就算这样，为了预防多种肺炎链球菌血清型引起的肺炎，宝宝也应该接种。

⑦国外研究指出，13价肺炎疫苗和其他疫苗一起接种，没有增加不良反应，一些发达国家会将多种疫苗一次性给宝宝接种。但由于国内未开展本国人群的相应大样本临床研究，出于谨慎考虑，我国在接种各种疫苗时须间隔接种，并规定在接种五联、四联或者百白破后，需和13价肺炎疫苗接种间隔不

少于10天，我们可以选择宝宝1.5月龄时接种13价肺炎疫苗而不是2月龄。

⑧必须指出，相比之下，尽管23价肺炎疫苗覆盖的肺炎链球菌血清型更多，但由于采用了多糖疫苗技术，对于2岁以下的婴幼儿，其免疫应答效果远不及13价肺炎疫苗，不推荐普通的宝宝注射23价肺炎疫苗。

• 3月龄

宝宝在3月龄，需要按接种程序继续打五联疫苗的第二剂次和ACYW135四价流脑多糖结合疫苗。大家重点记住"结合"这两个字，没有结合的不如带结合的。接下来着重介绍一下各种流脑疫苗剂型。

（1）流脑疫苗主要是为了预防流行性脑脊髓膜炎，这种疾病在冬春季节尤为高发，且病情凶险，据世界卫生组织数据，每十个流脑患者中就可能有一人因此丧生。

（2）针对3月龄至3周岁的婴幼儿，四价流脑结合疫苗能够提供对A、C、W135、Y四种常见的致病性脑膜炎球菌血清群的防护。当这四个血清群通过与载体蛋白形成共价结合后进入人体，能够触发长期免疫力。

（3）目前，我国国家免疫规划中有两种流脑相关疫苗，即A群多糖流脑疫苗和AC多糖流脑疫苗，这两种是免费的，另有一种自费的4价多糖疫苗。但这三种在疫苗的保护效力上，不如另外两种更被推荐的流脑结合疫苗（AC流脑结合疫苗和ACYW135四价流脑结合疫苗）。

（4）如上所述，四价流脑结合疫苗其实早在宝宝满3月龄时，就可以开始接种，但由于之前几个月的疫苗接种计划较为紧凑，所以可选择在 7 月龄时再安排给宝宝接种。前提是当地有这种疫苗，否则我们只能退而求其次，选择 6 月龄接种 AC 流脑结合疫苗。

（5）按照推荐的免疫程序先前已经阐述过，接种过其他的流脑疫苗就不需要再接种四价流脑结合疫苗了。但再重复一下，由于结合型流脑疫苗相比多糖流脑疫苗在免疫效果上有明显优势，而四价流脑结合疫苗相较于之前的 AC 结合疫苗，能预防的致病菌种类更广泛。因此，为孩子接种四价流脑结合疫苗无疑更应被推荐。

（6）除此之外，市场上还有一种 AC-Hib 三联疫苗。由于可能会和五联以及四联疫苗冲突，而且并未广泛接种，大多数宝宝并不需要选择。

・3.5 月龄

当宝宝 3.5 月龄大的时候，需要接种的是五价轮状病毒疫苗和 13 价肺炎疫苗第二剂。

・4 月龄

当宝宝 4 月龄大的时候，需要接种的是五联疫苗第三剂和四价流脑结合疫苗的第二剂。

・5.5 月龄

当宝宝 5.5 月龄大的时候，需要接种的是 13 价肺炎疫苗第二剂、五价轮状病毒疫苗最后一剂以及四价流脑结合疫苗的第三剂。

・6 月龄

在宝宝满 6 个月的时候，我们将要完成至少 2 项重要疫苗的接种，包括乙肝疫苗的最后一剂（即第三剂）和手足口疫苗。我们着重说明一下手足口疫苗（EV71疫苗）。

（1）EV71病毒是导致手足口病以及其重症病例的主要病原体之一。

（2）EV71手足口病疫苗是一种专门针对EV71病毒设计的疫苗，而非所有引起手足口病的病原体，但我们发现EV71更容易发生重症手足口病。

（3）由于重症手足口病可能会带来极其严重的诸如病毒性脑膜炎、脑炎等并发症的后果，甚至可能威胁孩子的生命，因此为孩子接种EV71手足口病疫苗显得尤为关键。

（4）尽管不能防住所有的手足口病，但通过接种疫苗，可以大大降低孩子感染EV71病毒并发展为重症手足口病的风险。

（5）自费的EV71手足口病疫苗通常需要接种两剂，两剂之间相隔一个月。最新的研究数据显示，完成两剂接种后，该疫苗可提供长达五年的保护效力。

此外，6月龄的宝宝还需要注意两件事。

①若当地没有四价流脑结合疫苗，则需要进行AC流脑结合疫苗的首剂接种，并且后续两剂次之间应至少间隔1个月。相比免费的多糖疫苗，结合疫苗不仅能够提供更全面的预防保护，而且对2岁内的宝宝免疫反应效果更好。

②在流感流行季节（每年的秋冬季，大约公历9月份之后），若宝宝已满6月龄，应该按照疾控中心的要求接种流感疫苗。

下面我们简单分享一下流感疫苗的知识。

A.流感疫苗被公认为目前预防流感最为经济有效的措施，对于6月龄以上的婴幼儿，只要不存在接种禁忌证，强烈建议每年都进行接种。

B. 流感病毒具有高度的变异特性,每年流行的毒株类型可能会与过去有所不同,因此每年流感疫苗的成分都会根据流感病毒的变异情况进行相应调整。

C. 对大部分流感疫苗来说,三价流感疫苗更适合3周岁以下的宝宝。

D. 接种流感疫苗后,孩子体内产生的保护性抗体通常在6至8个月后逐渐减弱,这意味着为了保持持续的保护效果,有必要在每年流感季节来临前接种新的流感疫苗。尽管如此,鉴于流感疫苗供应的紧张性,最重要的是尽快为孩子接种适合的流感疫苗,以确保他们在流感高发季节来临前半个月以上,获得足够的保护。

E. 对于6月龄至8周岁的儿童,首次接种流感疫苗者,接种2剂次,间隔一个月,此后每年接种1剂次即可。

· 7月龄

在宝宝达到7月龄时,需要接种EV71手足口病疫苗的第二剂。

· 8月龄

在这个阶段,我们需要给宝宝接种两种免费的疫苗,即麻腮风疫苗的第一剂和乙脑减毒活疫苗的第一剂。

麻腮风疫苗是一种十分重要的疫苗,它能够预防三种极具传染性的疾病:麻疹、流行性腮腺炎和风疹。尽管麻腮风疫苗属于减毒活疫苗类型,在接种后,部分宝宝可能会出现类似轻微皮疹症状(麻疹样反应),但这些都是较为温和的不良反应。与自然感染相比,其症状轻且不具备传染性,通常在接种后2至3天内会自行消退。并且，通常第二剂接种后的反应要比第一剂轻微许多。

根据我国疾控中心的建议，宝宝应在8月龄和18月龄时各接种一剂麻腮风疫苗，某些地区会规定在6周岁时接种第3针加强针，这一点建议咨询当地疾控。成功免疫后，该疫苗的保护性抗体可以维持26至33年。很多妈妈对麻腮风闻"风"丧胆，害怕与幼儿急疹赶在一起，我们在后面的篇幅展开讨论。

乙脑减毒活疫苗是我国免疫规划疫苗体系中的一部分，相较于乙脑灭活疫苗，乙脑减毒活疫苗的优点在于接种次数较少，免疫效果更佳，因此更受推荐。按照标准接种程序，宝宝应在8月龄和24月龄时各接种一剂乙脑减毒活疫苗，完成两剂接种后，即可提供多年有效的免疫保护。

· 12~15月龄

在宝宝满周岁后，建议适时安排接种水痘疫苗的第一剂、四价流脑结合疫苗的第四剂（最后一剂）以及13价肺炎疫苗的第四剂（也是最后一剂）。接下来我们重点详细解析水痘疫苗。

（1）水痘是由水痘-带状疱疹病毒引发的高传染性疾病，该病毒的传染性强，无论男女老少都可能被感染，且发病不分季节，尤以冬春季较为常见。

（2）尽管水痘通常为自限性疾病，大多可在10天左右自然康复，但得了水痘后还是比较痛苦的，婴幼儿还有可能会发展为重症水痘，而预防水痘最有效的方法仍是接种水痘疫苗。

（3）我们发现，在预防重度水痘方面，水痘疫苗的表现堪称卓越，有效性接近100%。大量的科学研究证明，两剂水痘疫苗接种覆盖率越高，水痘的发病率就越低，对水痘的有效控制力度也随之加大。即使在接触到水痘病毒皮疹后3天内接种疫苗，预防效果依然可达90%以上，而在接触后5天内接种，预防效果也可达到约67%。

（4）水痘疫苗常规免疫接种时间安排是：宝宝在12至18月龄时接种第一剂水痘疫苗，然后在4至6周岁时接种第二剂。两剂疫苗之间的接种间隔不得少于3个月，这样才能确保疫苗保护效果达到95%以上。

· 18月龄

对于一岁半的宝宝，在完成麻腮风疫苗第二剂、五联疫苗第四剂（即最后一剂）接种之后，建议同时开始接种甲肝灭活疫苗的第一剂。我们来了解一下甲肝疫苗的知识。

（1）甲肝疫苗在我国被列为一类疫苗，不论选择灭活疫苗还是减毒活疫苗，均可以享受免费接种政策。

（2）该疫苗主要用于预防甲型病毒性肝炎，这是一种由甲型肝炎病毒引发的、通过消化道（粪口途径）传播的严重肝脏感染疾病。

（3）对于满18月龄且未曾接种过甲肝疫苗的儿童，推荐接种1剂次甲型肝炎减毒活疫苗，或者选择接种2剂次甲型肝炎灭活疫苗，两剂次之间至少间隔6个月。这样既能确保宝宝得到有效免疫保护，又能符合国家免疫规划的要求。

（4）当前的研究数据表明，不论是免费还是自费的甲肝疫苗，其免疫保护效果相似，均可提供长达15至20年的保护期，且在不良反应方面并无显著差别。

（5）面对甲肝疫苗的不同类型(免费与自费、国产与进口、减毒活疫苗与灭活疫苗)，家长可能会纠结于选择哪种。个人通常建议首先考虑免费的甲肝疫苗（甲肝减毒活疫苗）。除了因为是免费的，还有两个好处：只接种一剂就好，不良反应并不比甲肝灭活疫苗更多。

· 2~6 周岁

宝宝 2 周岁后需要接种乙脑减毒活疫苗第二剂。

4 周岁后，宝宝需要接种水痘第二剂。

6 周岁后，宝宝需要接种白破疫苗，以加强对百日咳和破伤风的免疫效力。

6 周岁时还可能根据地区不同，会要求接种最后一针麻腮风疫苗。对于当时选择了免费的百白破疫苗和 AC 多糖流脑疫苗的宝宝，还需要在 6 周岁时，接种 AC 流脑多糖疫苗。

讲了这么多，知识量太大了。简单来讲，如果我们不打算掏钱给孩子接种任何自费疫苗，那么建议将免费疫苗按照流程接种完，见表 9.1。

表 9.1 免疫规划疫苗接种流程

接种时间	疫苗名称	接种剂次
出生	乙肝疫苗	第 1 剂
出生	卡介疫苗	第 1 剂
1 月龄	乙肝疫苗	第 2 剂
2 月龄	脊灰灭活疫苗	第 1 剂
3 月龄	脊灰灭活疫苗	第 2 剂
3 月龄	百白破疫苗	第 1 剂
4 月龄	百白破疫苗	第 2 剂
3 月龄	口服脊灰减毒活疫苗	第 1 剂

续表

接种时间	疫苗名称	接种剂次
5月龄	口服脊灰减毒活疫苗	第2剂
5月龄	百白破疫苗	第3剂
6月龄	A群流脑疫苗	第1剂
6月龄	乙肝疫苗	第3剂
8月龄	乙脑减毒活疫苗	第1剂
8月龄	麻腮风疫苗	第1剂
9月龄	A群流脑疫苗	第2剂
18月龄	麻腮风疫苗	第2剂
18月龄	百白破疫苗	第4剂
18月龄	甲肝减毒活疫苗	第1剂
2周岁	乙脑减毒活疫苗	第2剂
3周岁	AC流脑多糖疫苗	第1剂
4周岁	口服脊灰减毒活疫苗	第3剂
6周岁	AC流脑多糖疫苗	第2剂
6周岁	白破疫苗	第1剂
6周岁	麻腮风疫苗	第3剂

需要注意，免疫规划疫苗属于政府采购的疫苗，可能各个地市有所区别。比如，对脊灰疫苗来说，目前上海地区的免疫程序是2月龄、3月龄、4月龄和18月龄各接种1剂脊灰灭活疫苗，已经没有口服类型的脊灰疫苗了。

如果你能够客观认识疫苗，并愿意为所有自费疫苗付费，可以按照下面的自费疫苗接种流程的表格给宝宝接种,见下面两个表格。两个表格的区别在于当地是否有四价流脑结合疫苗,如果当地有该疫苗的备货和接种推荐,优先选择表9.2的流程,如果没有则选择表9.3的顺序接种。

表9.2 自费疫苗接种流程(有四价流脑结合疫苗)

年龄/月龄	疫苗名称及接种情况	是否免费
出生时	卡介苗(1/1) 乙肝疫苗(1/3)	免费
1月龄	乙肝疫苗(2/3)	免费
1.5月龄	五价轮状疫苗(1/3) 13价肺炎疫苗(1/4)	自费
2月龄	五联疫苗(1/4)	自费
3月龄	五联疫苗(2/4) 四价流脑结合疫苗(1/4)*	自费
3.5月龄	五价轮状疫苗(2/3) 13价肺炎疫苗(2/4)	自费
4月龄	五联疫苗(3/4) 四价流脑结合疫苗(2/4)	自费
5.5月龄	五价轮状疫苗(3/3) 四价流脑结合疫苗(3/4) 13价肺炎疫苗(3/4)	自费
6月龄	乙肝疫苗(3/3) EV71手足口病疫苗(1/2) 流感疫苗(可选)#	乙肝免费 其他自费
7月龄	EV71手足口病疫苗(2/2)	自费
8月龄	麻腮风疫苗(1/3) 乙脑减毒活疫苗(1/2)	免费

续表

年龄/月龄	疫苗名称及接种情况	是否免费
12月龄	水痘疫苗（1/2）	自费
12–15月龄	13价肺炎疫苗（4/4） 四价流脑结合疫苗（4/4）	自费
18月龄	五联疫苗（4/4） 甲肝减毒活疫苗（1/1） 麻腮风疫苗（2/3）	五联自费 其余免费
2岁龄	乙脑减毒活疫苗（2/2）	免费
4岁龄	水痘疫苗（2/2）	自费
6周岁及以后	麻腮风疫苗（3/3）※ 白破疫苗	免费

*若当地没有四价流脑结合疫苗，可根据前文说明，在6月龄后选择AC流脑结合疫苗，并合理安排和其他疫苗的排期。

\#流感疫苗需要根据当地疾控发布的疫苗接种信息接种。

※大部分地区无6岁的麻腮风第三针加强针，只须接种前两针。

表9.3 自费疫苗接种流程（无四价流脑结合疫苗）

年龄/月龄	疫苗名称及接种情况	是否免费
出生时	卡介苗（1/1） 乙肝疫苗（1/3）	免费
1月龄	乙肝疫苗（2/3）	自费
1.5月龄	五价轮状疫苗（1/3）	自费
2月龄	五联疫苗（1/4）	自费
2.5月龄	13价肺炎疫苗（1/4）	自费
3月龄	五价轮状疫苗（2/3）	自费
3.5月龄	五联疫苗（2/4）	自费

打疫苗·

续表

年龄/月龄	疫苗名称及接种情况	是否免费
4月龄	13价肺炎疫苗（2/4）	自费
4.5月龄	五价轮状疫苗（3/3）	自费
5月龄	五联疫苗（3/4）	自费
6月龄	13价肺炎疫苗（3/4）	自费
6月龄	乙肝疫苗（3/3）	自费
7月龄	EV71手足口病疫苗（1/2）	自费
7月龄	AC流脑结合疫苗（1/2）	自费
7.5月龄	EV71手足口病疫苗（2/2）	自费
7.5月龄	麻腮风疫苗（1/3）	免费
8月龄	乙脑减毒活疫苗（1/2）	免费
10月龄	AC流脑结合疫苗（2/2）	自费
12月龄	水痘疫苗（1/2）	自费
12-15月龄	13价肺炎疫苗（4/4）	自费
18月龄	五联疫苗（4/4）	自费
18月龄	甲肝减毒活疫苗（1/1）	免费
18.5月龄	麻腮风疫苗（2/3）	免费
2岁龄	乙脑减毒活疫苗（2/2）	免费
4岁龄	水痘疫苗（2/2）	自费
6周岁	麻腮风疫苗（3/3）	免费

大家肯定搞糊涂了，其实很容易理解。首先，6个月内的接种比较密集，有的宝宝可能会因为各种原因来不及接种，因

此表9.3给出的是不那么紧凑的接种流程。其次，由于四价流脑结合疫苗在很多地方还没上市和普及，所以打乱了其他疫苗的接种顺序。表9.4给出四价流脑结合疫苗不同年龄起针和接种的计划说明书。

表9.4 ACYW135四价流脑结合疫苗接种计划说明书

起始接种月龄	基础免疫 接种剂次	基础免疫 剂次间隔	加强免疫 加强剂次	加强免疫 时间要求
3-5月龄	3	≥1个月	1	12月龄
6-23月龄	2	1—3个月	无须加强	——
24-47月龄	1	——	无须加强	

·疫苗安全性

客观来讲，确实有一些疫苗接种不良事件，还有一些过期疫苗接种事件的报道。我们不应该被一些少见的现象制造的恐惧所困住，绝大部分疫苗是安全的，不要迷恋低概率事件。在此，个人也呼吁能对疫苗接种的各个环节做好监管。

·需要打自费疫苗吗

在发达国家，政府医疗投入较高，疫苗都是免费的。随着我国经济发展和医疗投入的提高，相信自费疫苗以后也会慢慢变成免费疫苗，比如上海地区已经免费接种水痘疫苗了。

一类疫苗（也叫免费疫苗或者免疫规划疫苗）和二类疫苗（也叫自费疫苗或者非免疫规划疫苗）在疫苗的保护效力、

保护期限和接种频次方面,都是有区别的。大部分都是二类疫苗更好一些。少部分疫苗,比如乙脑和甲肝疫苗更推荐免费的。如果家庭条件允许,非常建议将除了乙脑和甲肝之外的其他已上市的自费疫苗都打上。

家庭条件不允许接种费用高昂的五联和13价肺炎等疫苗,那么可以挑选性价比高的自费疫苗替换掉免费疫苗,比如Hib、水痘、EV-71和五价轮状等疫苗。如果实在不允许,如前所述,我们至少将免疫规划疫苗(也就是疫苗本子上的免费疫苗)都接种一遍。

·疫苗科普迫在眉睫

从疫苗接种的必要性来说,科普任重而道远。

可以肯定的一点是,多数父母自己认定的禁忌证,其实都不是真的禁忌证。某些疫苗接种机构认定的不能接种的情况,也不该阻拦或推迟宝宝接种。

《国家免疫规划疫苗儿童免疫程序及说明(2021年版)》也给出了解释。比如,生理性黄疸、母乳性黄疸、先天性心脏病、过敏性体质等,都是可以接种的。很可惜的一点是,疫苗接种单位还是按照"老政策",不给孩子接种,这一部分缘于大众对疫苗的恐惧,一部分缘于解释疫苗接种的相关知识的时间成本太高。

疫苗接种不良反应和不良事件是相对的,拒绝接种相关疫苗面对的暴露风险是绝对的。

希望随着大家对疫苗的认识越来越清晰,免疫接种卫生资金投入越来越多,疫苗监管越来越严格,再加上疫苗工艺的改进和提升,现状肯定能慢慢改善。但在我看来,至少从目前来说，疫苗预防疾病的认同感以及疫苗的知识科普迫在眉睫，并还有很长的路要走。

·疫苗真正的禁忌证

基本上只有宝宝接种当天出现了发热、慢性病的急性发作、对既往同类疫苗接种过敏史，才暂时不建议接种疫苗。

其他常见的不能接种或者延迟接种的疑问一并解答。

（1）感冒的宝宝可以观察一周，做好护理，宝宝病情不加重就可以接种。

（2）发热的宝宝，如果退热3天体温不反弹，则可以接种。

（3）患有需免疫抑制剂治疗的疾病和免疫缺陷的儿童，不能接种减毒活疫苗。

（4）吃药和接种疫苗基本上没有任何的关系，除非正在口服激素和抗肿瘤药物等免疫抑制剂，其他大部分的药物是不会影响疫苗接种效果的。但话又说回来，强调儿童科学用药这部分内容比打疫苗更重要。

（5）宝宝注射过免疫球蛋白（也叫丙种球蛋白或者丙球）后，减毒活疫苗（比如麻腮风疫苗、水痘疫苗、乙脑减毒活疫苗等）需要在注射3个月后才能接种，否则疫苗会失活。

（6）口服奥司他韦2周内，原则上不接种流感疫苗。

·麻腮风和幼儿急疹

很多家长反馈，说打了麻腮风和乙脑疫苗或者只打了麻腮风疫苗后，孩子在2周内出现了以发热为表现形式的幼儿急疹。

麻腮风疫苗是一种活疫苗，再加上乙脑疫苗一起，也许是因为几种活疫苗同时注射进入人体，宝宝免疫系统接受起来也许有点难度。但你说这不巧了吗，接种的月龄段（大约是8月龄）正好是人类疱疹病毒6型或7型感染的时期。所以某种概率上讲，宝宝就出现了幼儿急疹。所以，这大部分时候只是一种巧合。

事实上，哪怕不打麻腮风疫苗，宝宝也有很大概率会3周岁内的其他时间出现幼儿急疹。该病的相关的处理方案，在后续章节展开描述。发热如何处理可以见上面的章节。

此外，坊间还有鸡蛋过敏不能打麻腮风疫苗的谣传。其实现代工艺是将减毒株接种到鸡胚成纤维细胞和人二倍体细胞来制备成减毒活疫苗，现有的麻腮风疫苗里的鸡蛋蛋白含量极低甚至没有鸡蛋的任何成分。所以鸡蛋过敏的孩子不需要担心麻腮风疫苗接种过敏。有的宝宝在接种麻腮风疫苗当天或第二天会出现比较轻微的麻疹样反应，也属于常见的现象。还有一部分孩子可能会对疫苗的辅料（明胶）过敏，但也不能赖给鸡蛋，若真的出现过敏确实不应该继续接种后续的针剂，不过这种情况很少见。

若因为害怕疫苗过敏、麻疹样反应和幼儿急疹，就拖着不打麻腮风和乙脑疫苗，不打疫苗宝宝将面临麻疹、腮腺炎、风疹和乙型脑炎病毒的四重危害，相比起来幼儿急疹是不是不那么可怕了？

·几种疫苗一起打有伤害吗

就算再多种疫苗一起打，其实都是没有伤害的。人体非常强大，能够接受每日不同种类的多种病原微生物打击，也能安之若素。儿童接种疫苗大多数是0.25ml或者0.5ml，其中的有效成分才占到千分之一，这一丢丢疫苗就算小case了。

很多发达国家已常年一次性接种六种甚至七种疫苗，我国香港地区也针对婴幼儿多年来一次性接种多种疫苗，未发现显著不良反应的增加。一次性接种多种疫苗可以让家庭少跑很多遍，让孩子更快速建立免疫力，也避免了每次接种时的交叉感染风险。

我们有的时候，确实会刻意避开同时接种多种疫苗，但不能一拖再拖。按照我国的接种指导意见，有以下要点，大家可以记住。

（1）任何疫苗均可按照免疫程序或补种原则同时接种。

（2）不同疫苗接种间隔：两种及以上注射类减毒活疫苗（如麻腮风疫苗和乙脑减毒活疫苗）如果未同时接种，应间隔不少于28天进行接种。

（3）灭活疫苗和口服类减毒活疫苗，如果与其他种类疫苗（包括灭活疫苗和减毒活疫苗）未同时接种，对接种间隔不作限制。

（4）如果疫苗说明书有特殊规定的，参照疫苗说明书执行。

·单价疫苗和N价疫苗怎么选

N代表了疫苗包含的菌株种类的数量，一般来说价越多越好，比如五价轮状更好，四价流脑也更好。但具体要看制备工艺、覆盖的血清型在人群感染率和接种年龄来综合考虑。在婴幼儿时期的一个特殊情况就是肺炎球菌疫苗的接种。

如前所述，对于2周岁以下的孩子，更推荐接种13价肺炎疫苗而不是23价，而且健康宝宝在2周岁内没有接种过13价肺炎疫苗，不需要在2周岁后接种23价肺炎疫苗。哪怕是

2岁之后的儿童，想要接种肺炎疫苗，也应该接种13价肺炎疫苗而不是23价，不是"价"越多越好，大部分时候是"价格"越高越好。

·可以接种不同厂家的疫苗吗

只有遇到疫苗长时间断货、孩子异地接种等特殊情况，才可以更换厂家品牌，而且我们要听从疫苗接种机构的安排。在没有特殊情况下，应尽量选择同一工艺、同一厂家的疫苗完成全程接种。

·打疫苗后注意事项

打完疫苗之后，按压几分钟，通常就不流血了，对于小针眼不需要特别关注，沾水洗澡都没问题。打完疫苗之后也没必要忌口，之前能吃的东西都能吃，在2天之内暂时不加新品类以免和疫苗接种反应混淆难以辨别。

接种疫苗之后30分钟，需要在现场观察是否有严重不良反应，后者表现为呼吸困难、喘息、血管神经性水肿（嘴巴肿、眼睛肿、手脚肿甚至全身肿）、晕厥、心悸等，便于当场施救。接种之后的2天内，宝宝可能有轻度的不良反应：轻微皮疹、低热、头痛、烦躁、食欲略下降等，这是人体适应疫苗的过程，一般几天内就会自行好转，不用担心。

疫苗注射部位产生的硬结、局部肿痛，可用土豆切成薄片贴敷在接种部位观察数天。

·疫苗接种的其他误区

（1）"接种疫苗就不会得病。"疫苗只针对特异性病原体有效，而且所防的只有相应血清型，远远不是百分之百防病。但就算这样，我们也应该给孩子按时接种，这样既能保护孩子，也能建立群体免疫屏障。

（2）"打疫苗有副作用，能别打就别打。"预防接种的不良反应和副作用是相对的，不接种面临的风险是绝对的。况且疫苗接种副作用大多数是轻微的一过性反应。受益大于受损。

（3）"疫苗必须严格按照日期打。"按时接种疫苗是很值得鼓励的，但并非非得挑选哪一天不可，碰上节假日、父母抽不出空或者孩子实在不舒服，可以延后一段时间，但不应拖太久。

（4）"过敏宝宝不能打疫苗。"前面已经讲过，宝宝过敏很可能指的是某种食物或蛋白质过敏，不一定是对疫苗过敏。况且哪怕对某一种疫苗过敏，不代表对所有疫苗过敏。当然真的对某种疫苗过敏，不鼓励再次接种该疫苗的下一剂次，还要向疫苗接种机构上报宝宝的具体不良反应。

（5）"超过年龄就不可以接种了。"每种疫苗都有相应的说明书，超龄不能补种的情况确实存在。但未超龄的疫苗，父母不应该推辞。对于已经耽误的剂次可以作罢，我们只需要按照接种计划将未完成的剂次补充完毕，无须重新开始全程接种。

（6）"有些疾病很少了，没必要预防接种了。"传染病回潮和重新流行的原因之一是疫苗接种率太低，这会让已经绝迹的病毒卷土重来。建议家长不要盲目给孩子停止接种，还是那句话，至少儿童时期免费的疫苗不要拒绝。

总之，疫苗是保护宝宝和建立宝宝免疫力的重要环节，我们不能因为任何"假想"的情形拒绝给孩子接种。同时，我期待儿童时期的疫苗接种越来越普及，使二类苗早日都变成一类苗，形成群体免疫屏障，产生更多保护力；最后，我希望疫苗接种的实施和监管单位也能做好监督，疫苗生产厂家能够严格把控生产质控环节，让所有家长对疫苗重拾信心，所有宝宝都能放心接种每一针疫苗。

10

母乳喂养和奶粉喂养

母乳喂养和奶粉喂养

孩子除了睡就是吃，6个月内不是吃母乳就是吃奶粉，也有一部分孩子混合喂养。我们的目标是孩子身体长得好、母亲不要太劳累。在宝宝喂养方面，抓该抓的细节，忽略该忽略的细枝末节，本章将为大家厘清。

·母乳喂养的利弊

（1）众所周知，母乳喂养对孩子和母亲有很多好处。

①断脐后，母亲能够持续提供给宝宝37℃恒温的母爱，增进亲子感情。

②母乳喂养十分便利，不用刷奶瓶，也不用担心奶瓶刷不干净。

③母乳营养物质充足，母乳喂养方式经济实惠，能够省奶粉钱。

④母乳中富含分泌型IgA和乳铁蛋白等，提供给孩子许多免疫活性物质，一直被奶粉模仿，从未被超越。

⑤母乳利于母亲减肥，利于母亲身体健康的同时，也裨益母亲的心理健康。

任何事物都有两面性，概莫能外。母乳喂养其实还有很多坏处，我们不能避之不谈，因为这些同样重要。

（2）由于母亲乳房、乳头、奶量等先天条件不足，或者婴儿衔乳方式未建立等原因，强制母乳喂养不现实。

刚出生后执着于给孩子一定要用母乳当"第一口奶"，会引起新生儿脱水、高钠血症、胎粪排出延迟、少尿、高胆红素血症等。第一口奶完全可以用奶粉来喂养，第一口奶没有那么多魔力。事实上生产后头3天大多数母亲的乳汁还没有那么充足。并不是不建议母乳喂养，而是不要让孩子饿着。

你一定听说过，"新生儿前几天的胃像玻璃球、樱桃、核桃、乒乓球，胃里有羊水，不需要那么多奶，母乳虽然不多已经足够了"，诸如此类的科普知识。然而，这些说法其实是不准确的，孩子的生理需要量其实有计算公式，出生当天的足月新生儿大约是 60ml/kg。比如一个出生 6 斤（3kg）的孩子，生下来当天他需要吃 180ml 奶，大部分妈妈在胎儿娩出当天没有也不大可能有这么多母乳。很多孩子都在"空吸"乳房，把乳房当作了安抚奶嘴，结果可想而知，很多孩子因为黄疸住院了。

再次强调，临床上这种情况非常多，我们称之为喂养不足性黄疸，有的宝宝还会伴有脱水和高钠血症，希望所有人都能重视早期没下奶导致的新生儿喂养不足的问题。

（3）催乳师、通乳师、各种食疗催奶法也不一定能解决问题，对母亲和儿童均不利。对母亲来讲，催乳可能面临乳腺管断裂的风险，要记住，奶不是催出来的，是先天条件决定的。我们养娃需要顺势而为，没必要对这口奶有执念。妈妈真的有乳腺阻塞引起的奶结，需要到乳腺科就诊，让医生来帮助你。

（4）混合喂养的孩子，母乳亲喂不够加奶粉，很多宝宝会生长发育迟缓。原因也是上面所提及的"安抚奶嘴效应"。亲喂母乳过程中，我们无法判断孩子吃了多少奶，感觉咕嘟咕嘟在吞咽，很可能没吃那么多。持续喂养不足，会限制孩子的成长。如果你的宝宝是这种情况，建议将母乳挤出来看一下量。每次都瓶喂母乳，才能确定是否达到了孩子的需要量。

（5）牛奶蛋白重度过敏的宝宝，一直持续母乳并忌口，并不能解决过敏问题。这类宝宝的妈妈喜欢母乳混合氨基酸配方和深度水解配方奶喂养，这样做只会耽误生长发育。具体原因见上文牛奶蛋白过敏的章节。

（6）频繁喂夜奶会增加宝宝龋齿风险，也不容易养成睡整觉的好习惯。当孩子出牙后，夜间可能会有哭吵，大部分母乳喂养的母亲会直接给奶吃。用乳房安抚这招，不得不说哄睡是非常好使的。然而我们发现，很多孩子夜间醒来可能并不是饥饿所致,很可能是吃夜奶吃习惯了,频繁夜间哺乳非常不利于口腔健康,不能在有长段的深睡眠,会影响生长激素分泌。

夜奶越喂越断不掉,母亲断不掉这种安抚方式,孩子断不掉这种哄睡联想。是的,吃夜奶的孩子,已经形成了"醒来—吃奶—继续睡"的惯性思维。所以断掉夜奶哄睡习惯,应该早日提上日程。我们发现,一小部分天使宝宝,会在出生后2~3周自觉地不吃夜奶睡整觉了,这种家庭父母会在孩子入睡后,烧烤小龙虾、看电视剧,轻松无比,令人歆羡。但这是靠运气的,求之不得。个人强烈建议在孩子10月龄之前强制断掉夜奶,断夜奶只需要靠俩字:狠心;不够那就仨字:狠狠心;或者四个字:再狠狠心。长痛不如短痛,早日断掉夜奶对谁都好。

抛开母乳喂养的坏处不谈却只谈好处,某种程度上对母亲是一种道德绑架,也容易让母亲产生自我道德绑架。母乳喂养非常值得提倡,但不应该鼓吹和神化。需要知道,孩子真正需要的,也是最重要的是母爱,而并非母乳。

·奶粉喂养

奶粉属于婴幼儿配方食品,没有母乳或者母乳不足的时候,我们会选择奶粉喂养。我们还是用答疑的方式来分享这块知识。

·奶粉选进口还是国产

目前的国产奶粉也挺好的,进口的也不一定更适合中国孩子。我个人认为国产的和进口的奶粉一样好,没有优劣之分。当然,这完全取决于父母对奶企的信任程度,从三聚氰胺事件之后,我们发现各大国产品牌的奶粉基本上没什么问题,吃这些奶粉的宝宝也都长大了。当然，这种信任还需要继续建立和维系，只要购买渠道和店铺以及销售人员可靠就行。

奶粉喂养的重点，是孩子体重增长满意与否。至于宝宝具体吃河南的奶还是荷兰的奶，真的不重要。

还有，我们不要购买临近保质期的奶粉。

· 牛奶好还是羊奶好

除了羊奶，我有时还会被问到，骆驼奶和豆奶好不好。

一般来说，儿科医生通常不会推荐喝除以牛乳为乳基的奶粉。喝牛奶粉过敏的孩子改成其他乳基的奶粉，还是不能完全避免过敏，医学上叫交叉过敏反应。羊奶、骆驼奶和豆奶很可能不适合你的宝宝，我们不要折腾孩子。我说过，大多数孩子都是普通孩子，没有那么多天赋异禀的娃，咱们随大流，喝牛奶粉就挺好。

非常关键的一点，频繁换奶粉种类或奶粉品牌，会让本来就肠道不成熟的宝宝更加艰难。只要孩子长得好，不要因为大便不完美去换奶粉，尽管换奶粉可能会让宝宝大便更符合你的要求，但转奶过程对孩子考验却很大。

· 各段奶有什么区别

奶粉段数的主要区别，是脂肪、蛋白质、糖和微量元素等的配比，然而这种配比的区别并不是那么大，因此我们也没必要纠结。

如果宝宝6月龄刚好吃完了一段奶粉，当然可以直接换二段，没吃完存货就先吃着，快吃完了再去买二段奶粉。换二段奶粉时，我们可以转奶也可以不用转奶（如何去转奶需要回顾上文），其实这真的不重要，6月龄的孩子接受能力很强。

三段奶粉本身可能没那么科学。很多国家已不再推荐1周岁之后吃配方奶了，孩子需要400ml/天的奶量固定不变，逐步变成辅食为主的饮食，奶的品类转为纯牛奶或者鲜牛奶。鲜奶优于纯牛奶，400ml奶的其中一部分可以用酸奶来代替，最好的酸奶是无糖酸奶。市面上大部分酸奶都添加了糖，这也是为什么不能全部用酸奶代替，毕竟我们想让孩子少摄入游离糖。

当然，你的宝宝如果不肥胖，可以在一岁之后继续喝三段配方奶，这也没啥大错，但肥胖的孩子真的特别不适合再喝三段奶。

· 水解奶推荐喝吗

水解奶也称为部分水解奶，或者适度水解奶，是被奶粉工厂轻加工过的一种奶粉。某种程度上，这种奶粉确实能减轻孩子的肠道负担，不过，站在医生的角度去看，只有两种情况我才会推荐吃适度水解奶。

（1）父母过于焦虑宝宝的大便形态颜色，自认为孩子消化不好，尽管孩子长得很好，但过度纠结于大便奶瓣、黏液等问题，可以尝试适度水解奶，尽管这只是以缓解焦虑为目的。

（2）有些宝宝之前喝深度水解或者氨基酸配方奶，他们需要在过敏症状得到控制之后（大约在9~12月龄），用适度水解奶来过渡一下，随后慢慢改变成普通配方奶。这些内容详见牛奶蛋白过敏章节。

· 奶粉喂养的讲究

在奶粉喂养方面，大到水源、奶源、冲调设备，小到泡奶前的手卫生、喂奶结束后如何刷奶瓶，都围绕安全这个话题，我们先要保证安全第一。对于冲泡奶粉有很多小细节，我们整理和答疑一下。

（1）奶粉的配方是经过反复科学研究过的，不能随意调整加水量的多少。需要严格按照奶粉罐上的配比冲调，否则也会考验孩子的肠道。

（2）冲奶粉的水选择普通的家庭用水即可。除非当地水质特别差，大人都不喝，可以选择纯净水。

（3）奶粉的冲调水温不是那么重要。前面已经讲过，个人建议冲泡奶粉的家庭，购买一个"神器"：恒温壶。将恒温壶温度设置到40~45℃。夏天水温可以贴近40℃，冬天且室内没有供暖的家庭水温调整到接近45℃。

（4）喝奶粉的6个月内的孩子，其实也没必要喂水。有的父母对喂水有执念，可以喂一点，个人建议不要超过150mL。6个月以上就没有过多要求了，多喂点水也可以，尤其是炎热的夏季，小便较少出汗较多，是建议喂点水的。对了，我们喂水归喂水，不要将奶粉冲稀，这样会改变奶粉渗透压，对孩子不利。

（5）冲奶粉摇晃奶瓶时，顺时针或者逆时针将奶瓶转圈。上下翻滚奶粉和水会更迅速冲好一瓶奶，但也会让奶液里的气体变多，对肚子容易胀气的孩子不太友好。

（6）奶瓶和奶嘴，真的没有那么多天花乱坠的功效。只要合格的产品都适合孩子，没有很大区别。孩子不喝奶多半是不饿，当然也可能有其他病理原因，但真的和奶嘴关系不大。奶瓶方面，小月龄的孩子更建议选择玻璃瓶的，玻璃瓶比塑料瓶更放心，但需要小心谨慎，不要打碎。奶嘴方面，大月龄的

113

孩子需要在家里多备几个，因为出牙之后娃会咬碎奶嘴。

　　最后，我们必须得再次强调一下，体重增长满意的孩子，我们不应该用大便来判断孩子是否喂养有问题。关于大便的内容，我不想和吃的放在一章来深入探讨，大家可以看后续章节。

11

营养补充剂

当经济水平发展到一定程度,当孩子越来越金贵,当亲朋好友以及各种短视频,在你耳边说:补点啥啥啥,提高免疫力,促进生长发育。面对群体无意识的影响和无孔不入的广告宣传,我能看到绝大部分家庭很难保持理智,一直捂紧钱袋子。

我愿意分享一段早产儿出院后的家访经历,也许更能让大家共情和理解。

这是一个29周出生的早产宝宝,住院期间治疗还算顺利,出院大约一个月后我们去了她家家访。小夫妻在上海过着较为拮据的生活,孩子住院期间的数次沟通中,问题已初见端倪。父亲在上海郊区打工,当天出工不在家。母亲给我们一行五人切了个西瓜,家里没冰箱,但西瓜是提前在水桶里用凉水泡过的。母亲刀工精准,西瓜块切得非常整齐,果肉鲜甜多汁。在他们的餐桌、化妆桌兼茶几的一个小桌子上,摆着一些营养品,我瞥到一盒没有什么功效却异常昂贵的益生菌。这是2017年或2018年夏天发生的事情,那时候我已开始了科普创作。

有时候,我在做科普时,也经常陷入深深的自我怀疑,用真话来打断某些利益链条,是否真的那么必要。但这次家访经历深深影响了我,每每想到这个家庭,都会笃定我更客观地写这部分内容的决心。

需要指出,我绝不拦着大家消费,但希望大家不要坠入消费主义的陷阱,这一点对不富裕的有娃家庭尤为重要。养孩子花钱的地方非常多,对普通工薪家庭而言,在没必要的消费面前应尽量保持理智。钱要花在刀刃上,比如你选择购买了这本书。当然了,如果你不差钱,在足够理智的基础上,对各种营养补充剂还有些疑问,可以继续看下面的内容了。

·DHA

DHA，即二十二碳六烯酸，是支持生命早期神经发育和视网膜发育必不可少的关键营养素，被称为"脑黄金"。

我们需要充分理解什么是生命早期，医学上提到的生命早期的1000天，即从孕早期开始到孩子大约2岁，是大脑发育的"黄金期"。因为这是大脑发育最快的阶段，2岁时大脑容积就能达到成人的80%甚至90%。所以，为了补充DHA，妈妈应该在备孕期就开始。孩子都3岁、5岁、8岁或者快高考了，大脑都发育九成多了，还有什么用呢。还有一些干货内容，分享给大家。

（1）DHA至关重要，但过量摄入并不意味着更聪明。这意味着，尽管DHA对于大脑和神经系统的健康发育至关重要，但摄入的多少并不能直接与智力提升挂钩。过量摄入甚至可能带来其他健康风险，因此，适量摄入才是明智之举。智力更多来源于父母遗传，家庭教育和营养占小部分，也就是说再好的DHA也干不过DNA。

（2）母乳喂养的足月婴儿，母亲应确保自己的饮食中摄入足够的DHA。如果母亲能够摄入DHA含量充足的食物，宝宝通过乳汁就可以摄取足够的DHA，可能并不会缺乏DHA。相对安全的DHA来源包括：三文鱼、沙丁鱼等海鱼，虾、蟹、墨鱼、贝类、海带、紫菜、裙带菜等海藻类，蛋黄。若天然食物摄入的DHA不足，可考虑使用补充剂进行补充。

（3）对于婴幼儿，宝宝若不能通过母乳或奶粉获得DHA，可以从出生14天开始每日摄入至少100mg的DHA，直至2周岁，但不应超过300mg/天。而对于孕妇和哺乳期的女性，每天的摄入量不应少于200mg。纯母乳喂养的妈妈补了，宝宝就不用再补。

（4）合理的饮食搭配已经满足DHA的需求，再额外吃DHA就没必要了，但也不必担心中毒问题。

（5）早产儿对DHA的需求应特别关注。由于他们在母体内的发育时间较短，可能未能获得足够的DHA，因此，医生可能会建议为早产儿提供额外的DHA来源。

（6）在无法母乳喂养或母乳不足的情形下，可应用含DHA的配方奶粉，其中DHA含量应为总脂肪的0.2%～0.5%，计算宝宝奶量是否能够足够涵盖100mg/天的DHA需要量，来判断是否需要进一步补充DHA。奶粉罐上的营养成分表，一般会标注出100ml奶粉含有多少DHA。

（7）补充DHA不分饭前饭后或奶前奶后，如果怕宝宝吐出来，可以在宝宝奶前饥饿状态下先喂DHA。

·钙

我们先要知道，宝宝缺不缺钙，从外观上看不出来，做检查也几乎是做不出来的。

（1）微量元素检查不可靠。微量元素是查微量元素的，钙是人体的常量元素，钙这个东西在微量元素的化验单当中本来就很可笑。

（2）骨密度检查也不行。骨密度检查，是用在中老年身上查是否出现骨质疏松的，孩子的骨质在骨密度筛查仪上查出来低也不代表骨密度低。

（3）抽血查钙不可靠。你会发现，抽静脉血查钙结果往往是正常的，这不代表孩子不缺钙。因为抽血查的血钙很低的孩子，体内的钙离子必然已经非常非常低了，这种孩子往往会在 ICU 里抢救。

（4）能观察到的现象也不是缺钙。出汗多、枕秃、肋骨外翻、出牙晚、入睡困难、夜间惊醒、不长个等，统统不是缺钙。这些在后文中详解。

事实上，奶量摄入满意、生长发育良好的孩子不会缺钙，因为奶里有充足的钙。有一种宝宝确实有可能会缺钙，就是那些长得太胖、太快的宝宝。尤其是长得太胖的，因为太胖了囤积了很多脂肪细胞，把身体内的钙给用掉了，从而该用在骨头上，让骨头变得更加粗壮、更长的钙，就相应减少了。

（5）我们再继续列举一下补钙的知识。

①给胖宝宝补钙建议 1 岁之内补充 100mg/ 天，1~3 岁补充 200mg/ 天。

②尽量在下午或者晚饭时间段给孩子吃钙，不建议给宝宝睡前服用钙剂，因为钙可能让宝宝兴奋度升高，影响睡眠。

③宝宝可以选择的钙剂最好是氨基酸螯合钙，对于其他有机钙如果不是过敏宝宝当然也可以选择。

④我们要分清维生素 D 和钙的区别。维生素 D 是所有的宝宝都必须补充的，它能帮助钙吸收，本身不是钙。

⑤"春天都要补钙"是一个谎言。春天宝宝确实会长得快一些，但不代表孩子缺钙。

·铁

孩子出生后 4 到 6 个月，身体内来自胎儿红细胞和母体的铁元素，就慢慢耗竭了，所以这个时期常出现生理性贫血。判断宝宝是否贫血，需要查血常规，大家可以简单地参考一下表 11.1。

表 11.1 低海拔地区正常血红蛋白参考值

年龄段	血红蛋白正常值
新生儿	小于 145g/L
1~4 月	小于 90g/L
4~6 月	小于 100g/L
6 个月 ~6 岁	小于 110g/L
6~14 岁	低于 120g/L

需要注意，只有低海拔地区才能参考上表，青海、西藏以及云贵川的娃儿，只要当地海拔超过了 2000 米，参考数值就变了。

当宝宝血红蛋白正常，但接近临界值下限时，我们需要关注血常规上的平均红细胞体积、平均红细胞分布宽度、平均红细胞血红蛋白量、红细胞压积。这四项指标如果都下降，或者有两项以上下降，或其中几项接近临界值下限，也基本上提示宝宝存在缺铁。当然，铁代谢三项 / 五项等指标也可帮助判断，然而这些需要更专业的人员解读。

铁的食补，主要指的是红色的猪牛羊瘦肉。对于动物的肝脏、肝粉等，也可以一周吃 2 次，保证铁元素摄入的同时，又不至于摄入太多的维生素 A。当然，动物的血也含有丰富的铁元素，鸡血、鸭血、猪牛羊血等都可以吃，但就怕有些宝宝不接受。另一方面，我们可以给宝宝吃一些维生素 C 含量丰富的蔬菜和水果，包括绿叶蔬菜、火龙果、西红柿、猕猴桃、柑橘类水果。因为维生素 C 可以帮助铁元素的吸收。

如果宝宝已经接近于贫血的血红蛋白量下限，那需要注重食补了。如果已经存在缺铁性贫血，那么就需要通过药品或者营养补充剂来补充，同时也要注重复查血常规来判断补充效果。在补上来以后，我们需要继续口服铁剂3个月，当然这时候可以按照预防量去补。

补铁的治疗量需要遵医嘱，预防量就可以自己计算啦，因为一般来说，预防量是治疗量的一半。当然，哪怕补上来了也要继续加强食补。

总之，带宝宝体检时，每次的血常规里的血红蛋白，需要自己学会解读，从而能判断是否贫血。表11.1就是指尖血（末梢血）血红蛋白标准，指尖血也是很准确的。

·锌

锌是一种微量元素，总重量占人体体重不到万分之一。这里再强调一下，查微量元素来判断是否缺锌非常不准确。因此尽管锌元素非常重要，也被吹得天花乱坠，甚至很多营销把锌和以后的传宗接代联系起来。但事实上，没那么多孩子缺锌。

（1）常见的认为缺锌的认识误区有以下几种。

①倒刺。倒刺是因为手指周围的皮肤太干燥，涂抹保湿霜，不要撕倒刺即可。

②出汗多。出汗多是因为太热，这是一种妈妈或者奶奶觉得孩子冷而孩子又真的不冷导致的现象，足够凉爽就不会出汗多。如果出汗多代表缺锌，那么西伯利亚地区的宝宝，自古以来就不缺锌。

③脸上有白斑。大部分都是白色糠疹，与缺锌无关。

④指甲盖有白斑。这是指甲的轻微外伤所致，不是缺锌。

（2）有时候我会在下列情况时，推荐补锌1个月试试看，至少没有太大的科学的矛盾之处。

①缺铁性贫血的孩子容易缺锌，锌和铁"哥俩好"，你缺我也缺。所以补铁的同时建议补1个月锌，不用补太长时间。判断缺不缺铁可以参考上一小节。

②宝宝超过了10月龄，头发还是细碎、枯黄并脱发，父母小时候却没有这种头发不正常的现象，可以尝试补锌。锌元素在毛发生长方面有一定帮助。

③孩子6个月之后，经常反反复复呼吸道感染，可以补充1个月的锌。我们发现有些慢性呼吸道感染的宝宝是缺锌引起的。

（3）在医学上，有循证医学证据的补锌时刻，是宝宝急性和慢性腹泻时，有些指南会推荐补锌，但需要注意以下几点。

①世界卫生组织的意见是在锌缺乏地区腹泻患儿、营养不良患儿须补充锌。

②我国一、二线城市甚至三线城市已经足够发达，孩子不会那么容易营养不良，因此不容易缺锌，所以腹泻宝宝，如果营养状态良好，其实不需要常规补锌。如果你所在的地区确实特别不发达，宝宝也确实营养一直不太好，可以补锌。

③腹泻宝宝并不是绝对要补锌，如果能够了解腹泻的病程经过，愿意等待腹泻好转，可以选择不补。

④6个月以下的宝宝：每日补充锌元素10mg，补10~14天；6个月以上的宝宝：每日补充锌元素20mg，补10~14天。这里提到的是锌元素，也就是需要看药品说明书中的含锌量，要自己换算。

总而言之，孩子不容易缺锌，身为父母总想孩子成长中"锌锌"向荣，也想给孩子添点"锌"意，但我希望大家做到"锌"

中有数，更想让家长朋友们多个"锌"眼儿。

· 维生素 AD 和维生素 D

其实，足月宝宝只推荐补充维生素 D。一般建议宝宝在出生后数天就可以补充，最好不要晚于出生 15 天。补充维生素 D，不分奶前奶后，不分早中晚。只要坚持补充就能使体内的维生素 D 达到需要量，从而帮助钙吸收，预防佝偻病。维生素 D 几乎是唯一的必须额外补充的营养补充剂了，关于维生素 D 常见的疑问一并解答给大家。

（1）很可惜，母乳中维生素 D 含量少得可怜，母亲吃维生素 D 也不能让乳汁里的维生素 D 含量提高。因此母乳喂养的孩子，更应该坚持口服维生素 D。

（2）奶粉的配料中，已含有维生素 D。但有人统计过，只有宝宝每日吃 1000ml 配方奶时，才能达到 400IU/ 天的推荐量。可以看到，其实大部分宝宝是不能保证持续每天喝 1000ml 的。别担心，奶粉喂养的宝宝，每日一颗维生素 D，也不会让维生素 D 超量。

（3）维生素 D 又被称为"阳光维生素"。宝宝在户外活动时，日光照射到皮肤上，会激发人体皮肤的黑色素细胞合成维生素 D 前体，在体内经过转化后变成活性维生素 D。用晒太阳补维生素 D 会让宝宝变黑，也受限于老天爷是否赏脸。雾霾天、阴雨天和冬天不出门，出门了也有衣服遮挡了大部分的皮肤区域。我命由我不由天，让我们从维生素 D 补充开始实施。太阳是免费的，但还是每日口服补充剂更有保障。

（4）到底应该补维生素 AD 还是维生素 D 呢？维生素 AD 中包括维生素 A 和维生素 D，其实人群当中缺乏维生素 A

的比较少。如果你的宝宝是早产儿，可以在出生后前3个月补充维生素 AD 和维生素 D，3 月龄之后再补充每日一颗维生素 AD。足月宝宝（胎龄≥37 周）每日补充 400 国际单位（IU）维生素 D。另外，纯母乳喂养的母亲，如果在严格忌口，需要补充维生素 AD 以达到宝宝维生素 A 的需求量。而奶粉喂养的足月的孩子，由于奶粉中的维生素 A 已经很充足，往往不会缺乏维生素 A，理论上不需要额外补充维生素 AD。之所以医生直接推荐一日吃一颗维生素 AD，是因为医生懒得解释，毕竟多余的维生素 A 就算补了，也不会怎么样。总之，我们没必要纠结于补充维生素 AD 还是维生素 D，只要记得选一个即可。

（5）维生素 D 包括维生素 D2 和维生素 D3 两种，其中维生素 D3 更常见。但是维生素 D3 和维生素 D2 的效果都差不多，补哪一种都行。维生素 D3 属于鱼类的肝脏提取出来的物质，如果宝宝易过敏，可以尝试从蘑菇提取的维生素 D2。

（6）维生素 D 除了可以预防佝偻病，还有其他好处。比如可以帮助改善神经非特异性表现（3~6 月内的宝宝夜惊、抖动）、促进喉软骨软化的发育（6 个月以下宝宝喉咙呼噜呼噜、总是感觉有痰）等。如果宝宝有上述现象，我们可以尝试补充每日 800IU 维生素 D，看症状是否改善。

（7）事实上，宝宝若不是一天吃 10 颗维生素 D 且连续吃一个月，很难中毒。虽然不用怕中毒，但也不太建议给宝宝持续补充这么多。对于喉软骨软化，或者出现维生素 D 缺乏的非特异性神经症状时，我们会推荐每日口服 800IU 维生素 D 一个月，当症状好转后，再改成普通剂量，也就是每日 400IU。

（8）补充维生素 D 时，我们可以将胶囊的尾端拧开，直接将油剂挤入孩子的嘴巴。市面上也有一种滴剂，一日一滴，一滴正好 400IU，这种需要注意不要沾上口水，避免发霉。

（9）现在越来越多的证据表明，维生素 D 持续补充终身是更科学的。不论如何，我们至少给孩子补到 2 周岁。

（10）打疫苗、发热、拉肚子，均不应该停止口服维生素 D。我们需要科学地认识维生素 D，是因为宝宝从母乳和奶粉中难以获取足够量，所以我们才给他补，这颗胶囊里的油不会加重病情，也不会延长疾病的恢复时间，实际上维生素 D 与打疫苗、腹泻、发热没有任何的关系。长时间停服维生素 D，会让体内的维生素 D 缺乏，我们不想让孩子冒这种缺乏的风险。

·益生菌

虽然益生菌长期吃没有依赖性，但是非处方药（OTC）和食品级的益生菌都不建议长期吃，喝奶粉的宝宝也不需要坚持吃益生菌，甚至都不需要吃益生菌。

（1）从安全性方面分析，益生菌似乎比较安全。但对于极早产的新生儿，可能会增加肠道菌群移位和真菌败血症的风险，对于健康的足月宝宝来说相对比较安全。

（2）益生菌的有效性方面，目前有研究指出鼠李糖乳杆菌（LGG）对牛奶蛋白过敏性湿疹是有帮助的，罗伊氏乳杆菌对宝宝的便秘有一定的帮助，BB12 有可能对母乳性腹泻有一定的缓解。但这里边存在两个问题，一个是个体差异，就是研究人群用了有作用，你的宝宝吃这种益生菌不一定有作用，甚至起到一个反作用；另一方面——益生菌的双向调节。益生菌有个特点，就是可以双向调节：你便秘了，它让你不便秘，让你拉得顺畅；你腹泻了，它可以止住你的泻。确实听上去比较神奇，但真的因人而异，而且我们对益生菌的研究很多都不够深入，也没有那么明确。

（3）益生菌明确有帮助的情况有三种。第一种情况是病毒性腹泻，第二种情况是抗生素相关性腹泻，第三种情况是非得让儿科医生来推荐一种东西作为安慰剂的话，那么益生菌似乎是一个不错的选择。这些作为安慰剂的情形是，新生儿黄疸、大便不满意（便秘、腹泻、奶瓣、黏液便等）、湿疹、胆汁淤积、过敏等等。如果宝宝没有服用益生菌后过敏加重，体重增长满意，基本上是可以作为安慰剂使用的。

（4）非处方药（OTC类）的益生菌和食品级的益生菌有什么区别？OTC虽然是非处方药，它也是一种药物，一般药店或者有药品售卖资质的网络药房可以买得到。由于是一种药物，通常是5到7天就停药。食品级的益生菌需要考虑出厂活菌数，以及益生菌在运输、储存过程中的失活现象。坦白讲，很多益生菌并不能保证在进入孩子口中那一刻，还能保证相应的活菌数量，很有可能宝宝吃进去的是细菌的"尸体"。哪怕吃的时候还活得好好的，进到胃酸里"战损"了多少都很难讲。这里有个小细节，如果宝宝有牛奶蛋白过敏引起的便血、腹胀或者便秘，不应该口服含有乳粉的益生菌。

（5）益生菌在吃的时候，一定不能用热水冲服，尽量用37℃及以下的凉白开口服。因为益生菌很脆弱，怕烫，烫死就没办法进入肠道定植、繁殖了。

总之，如果宝宝长期吃抗生素引起拉肚子，或者是感染了轮状病毒等肠道病毒拉肚子，最好还是吃OTC类益生菌。

至于食品级益生菌，为了尝试有无效果，或者为了心理安慰，可以给宝宝喂一段时间看看，对有的宝宝是管用的。我们如果因为前面的安慰剂情形，想给宝宝吃益生菌，吃1个月也就基本上够了，可以一直吃，但没必要。

·免疫调节增强剂

可以这么说，任何声称能够调节或者增强免疫力、抵抗力的东西，都是不推荐的，大多是智商税。这些东西包括但不仅限于牛×肽、脾×肽、细菌××产物、施×利通、接骨×酶、乳铁×白、羧×淀粉钠、匹×莫德以及维生素C等。我们以乳铁蛋白为例，这种蛋白进入肠道，转化为氨基酸重新组装成人体的蛋白质，想要产生效果简直是痴心妄想。其他东西也一样，没有任何高质量研究证据证明有吃的东西可以提高免疫力。试着想一下，如果真的有，那为何不人手一盒？世上还有这么多疾病吗？

下面让我继续来讲一些实话。

（1）免疫力缺陷的孩子很难活过一岁。请不要怀疑自己孩子的免疫力，免疫力是逐步发育和建立起来的。我们需要给孩子足够的信心，让孩子更加自信和乐观。乐观自信的孩子往往免疫力更强。

（2）免疫球蛋白确实可以提高抵抗力，但这是一种血液制品，我们不能滥用。至于口服的免疫球蛋白，跟吃鸡蛋效果差不多。

（3）不偏食不挑食、生长发育良好的孩子，一般不缺什么。我们不要朴素地认为，吃什么提高免疫力。很多时候免疫力不是吃出来的。

（4）很多时候并不是孩子的体质太虚弱，而是父母怀疑孩子体质有问题，或者是父母本身体质原因，真的，很多父母是"易骗体质"。很多情况下营销人员贩卖一种焦虑，然后把这种焦虑与某款产品挂钩，大家需要理智。可怜天下父母心，有需求就有市场。科学认识提高免疫力以后，你会发现，你根本不该有这种需求。

（5）不推荐生长发育良好的孩子查免疫功能，也就是不要随便查宝宝的免疫球蛋白系列和CD系列等。尤其是宝宝正在生病的状态下，去查免疫功能全套，非常容易假阳性。

（6）想要提高免疫力有以下途径：能顺产就顺产、尽量母乳喂养、婴幼儿时期多接触大自然、膳食均衡别缺铁、乐观开朗、按时接种疫苗、睡眠充足。这些才是正道。

12

辅食添加

宝宝6月龄之后只喝奶,不能完全满足成长所需的能量和营养素了,这时候就需要添加辅食,否则会缺铁,也可能影响生长发育。

·辅食添加时机

除了满 4~6 月龄，其实还有几大原则，比如孩子对辅食感兴趣，挺舌反射消失（给孩子小勺喂东西他不会用舌头顶出来），坐得相对比较稳，牙齿有冒头了。

当然，上述标准最重要的是挺舌反射消失和对辅食感兴趣。也就是说，宝宝已经 6 个月了，哪怕还不会坐，也没出牙，你也应该给他加辅食了。

·辅食喂养准则

中国居民膳食指南每隔几年都会更新，按照最新指南，我们对满 6 个月至 2 岁这个年龄段的宝宝，有以下 6 条喂养准则。

（1）继续母乳喂养，满 6 月龄起必须添加辅食，从富含铁的泥糊状食物开始。

①满 6 月龄指的是宝宝出生第 7 个月的第一天开始。

②如果没有母乳肯定还是喂奶粉，剩下的一段喂完了，可以改成喂二段，可以转奶也可以不转直接换二段，不重要。

③宝宝开始吃的第一口辅食一定是富含铁的食物，最好是猪瘦肉或者牛瘦肉，可以是蛋黄，但是蛋黄不如肉类吸收率高。另外，更多的宝宝从强化铁的米粉开始。

④现在的辅食中米粉都是富含铁的，不用研究哪个牌子了，这也不重要。

⑤严重牛奶蛋白过敏的孩子，推荐可以适当早添加辅食，以便用辅食多摄入热卡追赶生长发育，并尽早建立对各类辅食的食物耐受和蛋白质类辅食的免疫耐受。但也不能太早，肯定

不能早于 4 月龄。添加时间因人而异，只能期盼孩子挺舌反射早点消失，大约在满 5 个月时就可以用小勺试试看。越容易引起过敏的食物，反而越要更早加入，比如这八大件儿：牛奶、鸡蛋、花生、鱼类、小麦、坚果、大豆、贝类。其中除了牛奶需要 1 岁之后再喝，其他都需要尽早尝试。尽早尝试更容易建立免疫耐受，发生过敏的风险反而会变低。这类似于武行里的童子功，高难度动作最好从娃娃抓起，过敏的宝宝的免疫状态，就像他们的韧带一样，可塑性极强。

（2）及时引入多样化食物，重视动物性食物的添加。

①这里的动物性食物指的是动物的肉类、血液和肝脏。

②由于缺铁性贫血的高发病率，铁对孩子的认知发育和免疫功能建立非常重要。

③纯母乳喂养的孩子如果 6 个月后加动物性食物不顺利，更容易缺铁，还容易缺维生素 A 和锌。

④食物多样化的目的是让孩子摄入更多营养素，但也不应该照本宣科。

让我们看一下表 12.1，这是一位营养师给 9 个月的宝宝制作的一周辅食计划表。我认为，虽然很科学，但可操作性很差。因此，我们还不如简化一下，参考表 12.2。

表 12.1 一周辅食计划表

天数	辅食 1	辅食 2	点心
Day 1	混合谷物米粉 + 蔬菜三文鱼泥	星星面 + 豌豆玉米泥	卡通馒头 + 自制酸奶
Day 2	混合谷物米粉 + 虾仁鸡蛋饼	碎碎面拌鳕鱼酥 + 山核桃油	果泥 + 牛奶小软饼

续表

天数	辅食1	辅食2	点心
Day 3	混合谷物米粉+番茄炒蛋黄	蛋黄碎面+亚麻籽油	玉米苹果奶昔
Day 4	混合谷物米粉+包菜胡萝卜猪肉泥	板栗南瓜三文鱼泥	苹果牛油果泥
Day 5	紫薯山药猪肝胚芽米粥	苹果蒸蛋+亚麻籽油	婴儿米饼+自制酸奶
Day 6	西兰花虾仁碎碎面	玉米鸡肉泥+小米米糊	豆腐时蔬汤

表12.2 辅食添加计划简化表

年龄	食物类型	喂奶次数及奶量	辅食次数
6个月	泥状食物（米粉、肝粉、蛋黄泥、肉泥、蔬菜泥、水果泥等）主要是尝味道、排敏和增加种类	5~6次，800—1000ml	1次
7~9个月	末状食物（稀饭、烂面、豆腐、肉末等），主食20g，逐渐1个蛋黄以及25g肉禽鱼，蔬菜水果各25g。额外辅食油10g。	4~5次，500—700ml	2次
10~12个月	碎状、丁块状或指状食物。1个鸡蛋和50g肉禽鱼。主食50g，蔬菜水果各25g。额外辅食油10g。逐步与大人的三餐并餐。	3~4次，500—700ml	2~3次

续表

年龄	食物类型	喂奶次数及奶量	辅食次数
13~24个月	50~100g谷物类，蔬菜水果各50g	2~3次，400—500ml	3次

需要注意，宝宝1岁之后，需要慢慢改成以吃大人饭为主了，奶量400—500ml/天就已足够。至于"饭渣"宝宝，也许不能在相应月龄吃到相应辅食量，只能用那口奶吊着，我们必须密切宝宝的生长发育，并警惕贫血。

（3）尽量少加糖盐，油脂适当，保持食物原味。

① 6~12个月的孩子不需要额外增加食盐，也不要加糖。首先，食盐就是氯化钠，食物当中大部分都自带钠离子和氯离子，母乳和奶粉中也已经有盐了。其次，多余的钠离子会增加本未发育完善的肾脏的负担。再次，多补充钠离子会影响钙和锌的吸收，也就是少吃盐相当于补了钙和锌。

②我们最好给孩子做的饭单独盛出来，少放盐或者继续不放盐，幼儿时期最多每日1.5—2g食盐。

③对于油脂的推荐，年龄小的宝宝可以使用亚麻籽油、紫苏油或者核桃油等辅食油，每日限量供应。6个月至1岁推荐每天10g以内，1~2岁推荐每天15g以内，再大一点的孩子也最好也不要多吃，因为一个成年人也就25g/天。

④在烹调方式方面，更建议用蒸和煮，最好不用煎炸和炒。因为蒸煮能保留食物本来味道，也能少摄入油脂。

需要再次强调，我们不应该按照大人的口味来判断孩子是否觉得食物太寡淡。婴幼儿是味蕾最敏感的生命阶段，成年人无辣不欢、重油重盐是由于不健康饮食"驯化"和"麻痹"了味觉系统。还有一种科学的说法是,婴幼儿时期的味觉在形成阶段,会和照料者的趋同,慢慢被父母的不健康的饮食方式"同化"。就像一直怀念的难以回到的小时候,我们经常忘记本真的感动。然而食物本味有点不同,成年后也许再也体会不到了。

(4)提倡回应式喂养,鼓励但不强迫进食。

①不要逼着孩子吃饭,不吃就收走。这需要极大的耐心,并且还不能在孩子面前表现出不耐烦,否则孩子越来越不爱吃饭。

②老人看孩子经常追着孩子喂饭,这也是不可取的。我们需要培养孩子自主进食的习惯,在7~9月龄就要给他这种机会了。

③孩子吃东西是不用教的,到了相应年龄自然就学会了,饿了自然会吃。逼迫有时候会适得其反,任何事物都有自己的一般规律,生长发育也同样。揠苗助长的水稻非但没有更早成熟,秋收时反而会干枯。

④你只需要提供一把小勺子和一个辅食碗,撒了就再做一点,20分钟不吃就收走吧。再说一遍,这需要足够的耐心,但实际操作成功后的喜悦,会让孩子更爱吃辅食,我们也会窃喜。因为当孩子能够自主进食,我们真的轻松不少,收拾烂摊子花费不少的时间,至少孩子能吃一大碗心理上还是轻松的。

(5)注重饮食卫生和进食安全。

①餐前便后养成洗手习惯,辅食的烹饪工具和餐具,都要清洁卫生。

②家长应该购买合格的产品,至少要保证安全,不能让

孩子接触烫的食物和任何尖锐的物品，这些在意外伤害一节里已经讲过。在吃饭的时候，需要大人持续照看，避免孩子发生呛咳或者从餐椅上翻下来。

③辅食喂养最好能更科学地贴近儿童需求。比如含糖饮料、纯果汁，其实就不应该给孩子喝，这些打碎的水果和饮料会增加龋齿、肥胖风险。我们应该用小勺刮果泥给宝宝吃，在自主进食时，切成手指状给孩子吃。

（6）定期监测体格指标，追求健康生长。我们最好能够学会如何评估孩子的体重、头围和身高，定期去儿保科体检，以免缺铁性贫血漏诊。

·水

严格意义上讲，按照各种指南，水并不属于辅食。然而，冲泡奶粉和米粉，以及做各种其他辅食，都需要用到水，大家也经常问到关于婴儿水的相关问题，所以我认为有必要分享一下。

（1）6个月以下的宝宝不需要喂水，因为母乳里有充足的水，而合理的配方奶冲调方式下孩子也不会缺水。当然如果嘴巴干，可以适当润一润嘴巴，不要喝太多，一天50ml以内。

（2）7~12个月的宝宝，逐渐吃辅食了，活动范围也广阔了。如前所述，当宝宝出汗多、小便黄、小便少，在保证生长发育良好的情况下，一天喂150ml左右问题不大，便秘宝宝可以适当多喂一些。

（3）1岁之后的孩子，已经会走会跑甚至会跳了，一般不再限制饮水量，反而要鼓励饮水。孩子玩得疯起来，很容易忘记喝水。

（4）婴幼儿的饮水不应该和成人有区别，也就是说，我们没必要落入"婴儿水"的圈套里。如果家庭处于水质极度恶劣的地区，建议成年人也最好不喝污染的水，全家都需要喝纯净水。

（5）纯净水更被推荐，里面不含任何矿物质，这区别于矿泉水。事实上，水里面含有的微量矿物质哪怕对孩子来说也根本无意义，大多是营销概念。孩子需要的各种营养素和矿物质，已经都在奶和辅食里了。我们举个例子吧，更容易理解，饲养员非得逼迫狮子们饭后吃颗牛肉粒，这对每餐吃掉半头羊的森林之王来说，这粒牛肉根本不能塞牙缝。婴儿矿泉水含有的营养素就是这颗牛肉粒，那半头羊才是孩子长身体需要的奶和辅食。

·油盐酱醋调味料

孩子吃的油分为两种，一种是辅食油，一种是热炒油。

（1）辅食油可以吃亚麻籽油、紫苏油或者核桃油，这类油里的成分可以转化为 DHA，帮助儿童神经突触发育。

（2）热炒油没必要讲究。真讲究的话，最好少吃动物油也就是猪油、牛油等，这些油对血管不友好。

（3）在植物热炒油方面，建议家庭经常更换不同种类的植物油。这能弥补同类油之间的短板，更符合提倡的饮食均衡性。

儿童吃的食盐就选择大人吃的那种即可，不要搞特殊了。儿童吃的酱油更没必要那么挑剔，大人吃的也符合标准，儿童酱油还可能钠含量超标。咱们就这么说吧，很多加了"儿童"俩字的东西价格会翻倍，大家还是注意理智消费。

综合来说,在辅食喂养方面,我个人更推荐散养和粗放式的喂养方式,保证孩子足够安全,"饭渣"宝宝就充足喂奶并预防贫血,其他的,就交给时间吧。毕竟,我没见过哪个大人不会吃米饭,小时候"饭渣"的他,长大了啃大闸蟹有的甚至更出众。时间能治愈一切,包括"饭渣"。在辅食喂养方面,就像那句歌词:放手也是一种温柔,你和我都会好过。

13

生长发育评估

越来越多的儿科医生发现一个显而易见的事实，现在的孩子生长发育越来越提前了。不只是体重方面，大运动、精细运动、语言和认知发育、智力水平都比几十年前有巨大提升。比如之前儿童保健口诀中提到的 3 月抬头，变成了 2 个月抬头就稳了，儿童保健的教科书甚至也随之改动。通俗来说，现在的孩子越来越聪明了。我想尝试按照月龄展开这部分内容。

·0~90 天

这 3 个月是人之初，非常重要，我们再把这个阶段细分一下。

·出生后 1 周内

万事开头难，新生儿期（出生后 28 天及以内）是关键的关键，尤其是出生后的前 7 天，孩子在适应这个世界，母亲也在适应一个新生命到来所带来的一切。

对妈妈来说，产后需要身体的恢复，母乳是否充足也因人而异，还会伴随很多心理变化。新生儿方面，有无宫内发育的异常（母亲产检时有一定提示），出生过程是否顺利（羊水、脐带、胎膜以及窒息等），出生后胎粪、小便排出是否异常，黄疸是否升高过快，喂养建立是否成功等等。

一般出生后 5~7 天内，宝宝会有一个生理性体重下降周期，这是由于胎粪和尿液排出带走部分重量，羊水泡过的身体蒸发了部分水分，以及经口喂养尚未建立，摄入量不足导致的。

在这个过程中，少量多次的喂养尤为关键，请记住千万不要等待初乳。早期的吸吮，尽管对泌乳的启动和后续母乳喂养的建立很重要，然而新生儿是不能等待的。我建议提前准备好一小罐配方奶，在没有母乳吃的宝宝出生后前 7 天，给宝宝足够的水分和能量供给。频繁地配方奶喂养，大约 2—3 小时喂一次，逐步增加每顿的奶量，可以有效预防脱水、高钠血症、高胆红素血症、胎粪排出延迟等问题。宝宝在出生 3~5 天内，不要执拗地认为一定要母乳喂养，很多妈妈没那么多奶，切记切记，真的特别重要，尽管前面已经讲过，我认为很有必要重复提醒和强调一遍，母乳不充足的那几天，如果能够奶粉喂养充足，能降低新生儿因为各种问题住院的概率。

· 第 8~30 天

在这个阶段，孩子会慢慢增长体重，大约每天增长 50g。

我们需要给孩子每天记录体重。为了避免测量误差，最好是早晨的固定时间，比如晨起更换尿不湿后测量宝宝体重。如果不想买体重秤，可以每日晨起后，大人抱着只穿尿不湿的宝宝称一下，然后大人自己称一下，二者做减法就是孩子的体重。

这里有个重点事项，每日测体重可能有误差或者不一定达到目标体重趋势，我们需要根据一周体重来判断趋势，大约一周增长 250g 以上。你会发现，宝宝在出生的第一个月末，应该比出生体重增长 1000—1500g。如果在此期间，宝宝频繁吐奶，体重每周都长得不理想，需要及时就诊。

提醒一下，宝宝在出生后大约 7—14 天，一般建议开始补充维生素 D，不能漏补。

· 第 31~90 天

宝宝进入生命的第二个月，他已经基本适应了这个世界，体重继续按照大约 50g/ 天增长。如果发现孩子增长达不到这个标准，需要警惕起来，是否有喂养不足、甲状腺功能减退以及牛奶蛋白过敏等问题。

在出生后第 42 天，产院往往会建议母亲带婴儿去复查。每个医院 42 天的检查项目可能略有不同，体重是最重要的体检指标，头围也比较重要，但应该让医生来帮助评估。

大部分宝宝在 2 月龄左右就开始抬头了，甚至有的孩子不足两个月就已经抬头很稳了。2 个月还不会抬头的宝宝，也不用紧张，我们可以等待 2 个月，抚触和被动操也利于孩子的大运动发育。

宝宝 90 天左右，大部分可以长到 12 斤甚至更重。这时候需要注意孩子生长是否过于快速,因为一个很明显的现实是，超重的宝宝比生长发育迟缓的多很多。对于超重较多的儿童，个人建议适当多做被动操，多带孩子出去玩耍。

·第 91~180 天

宝宝 90 天之后，有的宝宝在 60~90 天之间，会出现一个"厌奶期"。所谓的厌奶期医学上没有特定名词，我们认为这是一种正常现象。主要是因为孩子的认知功能、运动、视听发育过程，影响了吃奶。有点像我们大人刷短视频忘了吃饭一样，光忙着去感受世界了。还有一个原因，是宝宝体重进入了"半速"增长期，从 3 个月内一个月长 1000g 变成一个月长 500g。

我们一般认为进入第四个月，也就是宝宝 91 天开始，体重不需要也最好不要长得太快，一个月涨 500g 即可，也就是每周 125g。达不到这个体重趋势，或者越长越慢，需要到儿童保健科进一步评估，但也不能让宝宝长得过快。

很多孩子就是这个时间段变得越来越胖的。减肥是一个终身的工作，很多孩子开始这项工作尤其早，我见过 3 个月 10.5kg 的宝宝。坦白讲，白白胖胖大家都喜欢，但这个"大家"里肯定不包括儿科医生。肥胖有非常多的风险，会增加成年后患糖尿病、高血压、冠心病以及性早熟等风险。一个残忍的现实是，成年后变胖是由于脂肪细胞体积增大，而婴儿期肥胖还会让脂肪细胞变多。一个气球吹得再大也就那么大，多只气球一起吹肯定非常夸张。想象一下，等孩子长大以后，会不会怪罪你当时把他喂得太胖，减肥减不下来？别怪我没提醒你，不要让宝宝在婴儿期太肥，否则这一生他都更容易肥。

在大运动方面，这个月龄段的孩子抬头非常稳了，竖抱肯定头不会摇晃，而且有的孩子开始会翻身。但重点又来了：翻身不重要。是的，你没有看错，翻身这个大运动的标志性动作其实没那么重要，并不是所有宝宝都会出现，有些孩子会直接学会坐。

语言功能方面，孩子会咿咿呀呀说一些"婴语"，这门语言作为父母不需要听懂。此外，你会发现孩子的眼神越来越灵动。请记住，眼神是否灵动极其重要，因为在家庭能观察到的项目有限，而"眼为心中之苗"，心智是否健全从眼神上就能略知端倪。

不是医学专业人员的我们，想要了解孩子智力水平，以及是否有孤独症，让我们多看一下孩子的眼神吧，当你觉得孩子一直眼神呆滞，才需要去看医生，希望大家别被短视频制造的焦虑困扰。

到了大约6月龄，孩子需要加辅食了，这块知识建议看一下辅食章节。

· 第 181~365 天

宝宝在这个阶段，仍然是按照每个月500g长体重。同时会出现以下疑问，一并解答给大家。

（1）出牙与否并不是生长发育评估的重点。不出牙也要加辅食，不要"因牙废食"，辅食那章有详细的说明，大家可以回顾一下。

（2）一般认为6月龄能坐稳，然而每个宝宝发育不可能完全一致。当宝宝 8 月龄后还没有坐稳的迹象，建议去看一下儿童保健科医生。需要指出，能不能坐稳不是靠练习的，是自然而然发育起来的。

（3）体重长得不好，一直不达标，辅食不吃，就靠喝奶。这种情况，我们仍然要排除牛奶蛋白过敏和缺铁性贫血的问题。

（4）宝宝不会叫妈妈。会让妈妈伤心的一个事实是，大部分孩子先会叫爸爸。这个月龄段，大部分孩子也就会发 1—2 个叠词，其中一个可能是"baba"。语言发育后续章节会有详解。

（5）不会判断孩子的精细运动。我们应该提供给孩子一些小玩具，通常是一些木质积木、大块的拼图、多边形声光电玩具、布质书籍等。除了玩具，孩子还喜欢撕纸巾。

需要注意，孩子经常会泥足深陷，进入自己的世界，不听我们的呼唤，这大部分不是病，反而是自我意识养成的表现。如前所述多注意孩子的眼神，如果他对所有的玩具一点也不感兴趣，眼神较为呆滞，瞅着一个地方一直发呆超过 1 分钟，可以带去儿保科看看。

（6）孩子不长身高。婴儿时期的身高不是那么重要，体重、头围才重要。身高的增长在青春期更有意义，这么小就不要卷身高了，还是拿出自己的优势跟别人的弱势比吧，这样才能提高自信。如果孩子体重头围都正常，身高就不那么重要了。

事实上，我认为 3 岁内的宝宝身高参考意义很小。首先，很多测量身高的量尺不标准，测量方式也不太正确。其次，身高还容易受父母遗传身高影响。除了极端案例，我们应该关注体重和头围这些重要内容，而太多不重要的内容会干扰我们的判断，除了徒增焦虑没有别的意义，这些无意义的参数就包括身高。

· 1~3 岁

宝宝 1 岁之后就不叫婴儿了,我们改称他们为"幼儿"。这个称呼可以用到过完 3 岁生日。

在体重方面,会变得更加缓慢,大约每年长 2000g,也就是 3 个月才长 500g。你会发现,虽然宝宝体重长得慢了,身高却在肉眼可见地增长,一年会长 7 cm 以上。宝宝长个不长肉,一定程度上是好事情,因为我们仍然对肥胖有所惧怕。如果让医生来选择,宝宝大运动发育满意、身高在增长的宝宝,我们宁愿孩子略瘦一点。对于进入 1 岁后体重长得不好的宝宝,建议增加肉、蛋、豆、鱼、虾的辅食比例,并继续警惕缺铁的问题。

大运动方面,大部分孩子在接近 1 岁时能站稳。你会发现,刚学会站的宝宝,就迫不及待地迈起脚丫学走路了,在成长方面,他们一直步履不停。在这个过程中,我们需要把握 4 点:充分鼓励、不多参与、保证安全以及顺其自然。请记住,不要用学步车。

与坐稳一样,我们一般认为给孩子 2 个月的"缓刑期",也许更加科学,这不是"量刑"的个体化,而是考虑到个体发育的不平衡,也就是说 1 岁 2 个月之前能站稳也基本没问题。虽然现在很多孩子 10 个月甚至 9 个多月就开始会站立了,但并不具有普遍性,我们作为父母不要给自己和孩子太多压力,大多数时候只需要等待即可。

当然了,如果宝宝 1 岁 2 个月还站立不稳,1 岁半了还不能走路,2 岁了慢走也经常摔跤,就需要看医生了。至于孩子不会双腿跳和单腿跳,完全都可以交给时间来解决。

如前所述,语言发育的问题,我会在后续章节展开讲解。

在本章的最后，我分享一条自己深以为然的育儿至理名言：宝宝只需要和原来的自己比，不要和其他人家的宝宝比，也不要和他的哥哥姐姐比。因为来这人世间走一遭，他是一个独立个体，和任何人都没有任何可比性。比上个季节的自己有进步，就大多不会有什么问题。

14

生理和病理现象

生理和病理现象

宝宝在很多方面会和成人迥然相异，比如为什么孩子经常抖动，为什么头发如此稀疏，身上咔咔响是不是骨折了。其实很多都是发育阶段的生理现象。完全可以理解，我们在育儿过程中，发现难以解释的现象时，肯定会有不同程度的紧张情绪，短视频的兴起也加重了这些焦虑感。接下来让我们透过现象看本质，了解一下这些生理现象，甄别病理现象。同时，这一章我们可以学会不少家庭护理技巧。

·眼、耳、鼻、喉、口腔问题

我们的眼、耳、鼻、喉会通过口腔或其他一些通道连接起来,也许这就是医院"五官科"名称的由来。

·眼

(1)宝宝出生不睁眼

这是由于在宫内是泡在羊水中的,出生之后眼皮是水肿的状态。慢慢适应外界干燥的环境后,大约5天会让水肿消退,眼睛就睁开了。有的宝宝经常朝一侧睡,贴近床面那一侧眼睛不爱睁开,这也是由于重力导致的局部组织水肿。

(2)宝宝泪水多而且有眼屎

就算是最铁的汉子,事实上也在一刻不停地流眼泪。对大多数人来说,之所以泪水不流下来,不是因为仰头45度,而是我们的眼睛和鼻子之间有鼻泪管。

眼睛一端有一对叫泪点的结构,位于内眼角里面,承接泪水并引流到鼻腔里。咱们俗话说的戳中泪点,其实很贴切,压着泪点确实会流泪。

让我们拿厨房水斗的下水管为例,就很容易理解了。水斗上过滤厨余垃圾的筛漏就是泪点,厨房水斗下水管就是鼻泪管,城市排污管就是鼻腔。当厨房水龙头水流过大,超出了这条管道的排空能力,或者筛漏、下水管甚至排污管阻塞了,就会出现不通的现象。对应眼睛和鼻子的结构,就是眼泪分泌过多,以及泪点、鼻泪管和鼻腔堵塞。

外界因素,比如毛巾、口水巾、枕巾、浴巾上的脏东西沾到了眼睛上,加之泪点和泪道一直不通畅,会让眼睛脓性分泌物增多。

当宝宝眼中泪水和分泌物增多，我们先要排除感冒鼻塞因素，如果考虑与鼻子堵塞有关，应该先洗鼻子，如何洗鼻后面我们会讲解。排除鼻子因素，我们需要做以下3步。

①接触宝宝时，要保证手卫生，并将周围环境物品清洗晾晒。

②按摩泪点并捋顺鼻泪管。这种按摩方式类似于眼保健操的一个动作，按摩内眼角的下方，并向鼻孔方向捋一下。

③前两步无效时，我们需要用到妥布霉素滴眼液。我们需要扒开宝宝下眼睑的外侧三分之一，滴到眼睛和眼睑的缝隙中。双眼每次各1滴，一日3次，5—7天可停药。

有一小部分宝宝，用滴眼液也解决不了，就要去眼科做一下泪道探通和冲洗了。

（3）宝宝有斗鸡眼

我们亚洲人群中，有相当一部分人群是有内眦赘皮的。通俗来讲，就是内眼角的赘肉太多，盖住了双眼内侧的眼白。如果我们把宝宝鼻根部皮肤稍微拽起来一点，就会发现没有斗鸡眼了。这种现象叫作假性双眼内斜视，不用干预。事实上，只有一侧眼睛内斜视或者外斜视时，也就是说我们发现双眼睛不对称时，才有更大的临床意义。

（4）宝宝远视储备不足

远视储备就像是一个人的家底儿，也就是每个宝宝的账户余额。这项余额来自父母的遗产，和遗传有关，每个家庭的财产状况不一样。类似的，每个宝宝的远视储备也不一样，远视储备消失或者不足也是没办法的事情。我们只能强调，没有远视储备的宝宝更加需要注意用眼健康，当然远视储备充足的孩子也不能肆无忌惮伤害心灵的窗户。

不要让孩子近距离长时间观看手机短视频、平板电脑、电视、投影等，每天尽量不要超过20分钟。保持室内光线充足，可以的话，应该多出门活动。发现孩子频繁眨眼睛或者歪头眯眼看东西时，一定要到眼科就诊。

（5）宝宝大小眼怎么办

宝宝刚生下来那几天，会由于重力原因，使贴近床面的那一侧眼睛水肿并且眼裂变小，显得这一边比较小。等出生1~2周后水肿消退，大小眼问题就消失了。当然，更多的宝宝是来源于遗传。眼皮有时候也是天生的，若实在纠结宝宝大小眼和单眼皮或者一单一双，可以等娃长大了整形。

- 耳

耳朵的作用主要是帮助接受声音信号，耳廓的特殊形状和结构能够有效地捕捉来自周围环境的声音波，通过其弯曲的轮廓和凹凸的表面，像一个自然的声音放大器，将声音导向外耳道，从而提高声音的接收效率。当然，耳廓在某种程度上也能阻挡小虫子进入耳道，却也是冻伤的多发区域，也是蚊虫野餐时的栖息地。

（1）耳朵不对称或外观不完美

确实目前对耳朵的外观越来越重视了，在宝宝出生后2~3个月内可以佩戴耳模矫形器。但个人并不是特别推荐，这当然不只是因为矫形器价格不菲。毕竟只要听力没问题，耳朵的外观没有也不应该有统一的标准。绝大多数宝宝的耳朵和父母长得像，如果有哥哥姐姐自然成长的耳朵作为参考，我们会对拒绝佩戴矫正器更有信心。

（2）耳朵要不要掏

不要掏，耳朵有自洁能力，随着咀嚼会让耳屎排出来。

看上去耳屎很多不一定影响孩子听力，实在忍不住需要让五官科医生帮你给宝宝掏。

（3）耳朵有分泌物

外耳道和耳廓的分泌物，最多见的情况是湿疹引起的皮肤渗出。如何护理湿疹我们后面会讲解。

宝宝如果有鼻塞、发热、咽痛，伴有耳痛、异常哭吵、搔抓耳朵，需要警惕中耳炎。怀疑中耳炎时，应到五官科就诊。

（4）耳朵前面有个洞洞眼

这个小洞洞很多人都有，属于先天性畸形，医学上叫耳前窦道。如果窦道不发炎，就不管它。只要发炎过一次，就需要抗炎之后择期手术切除。这个洞洞眼就像个定时炸弹，很多人一辈子不爆炸，我们可以称为哑弹，不要刺激它。而爆炸过一次的宝宝，大概率会再次被细菌感染而引爆，因此还是切除为妙。

· 鼻

鼻子这个器官就是管进出气儿的，丰富的鼻黏膜血管能帮助给空气加温，鼻腔黏液帮助给空气加湿，鼻毛帮助过滤灰尘，真是非常科学的设计。然而，很多父母习惯给鼻子加戏，考虑了太多不该去考虑的问题。至于过敏性鼻炎这种世纪难题，还是交给医生来指导用药。

（1）鼻甲肥大和鼻息肉

首先我们需要知道，下鼻甲本来就可以在鼻孔处被轻易看到。有些孩子的鼻中隔有点偏曲，会让一侧的下鼻甲更显露，会有家长误以为孩子是鼻甲肥大，还会把这一侧的下鼻甲误认为是"鼻息肉"。鼻中隔偏曲不影响呼吸的话，本来就是生理现象，有研究统计80%左右的人有鼻中隔偏曲。偏曲又能如何呢？老天爷不是给了咱们俩鼻孔吗，一侧不通气，另一侧反而过气儿更畅通。咱们不要用手机闪光灯半夜照鼻孔，自己吓唬自己，在婴幼儿时期，鼻甲肥大和鼻息肉真的非常少见。

（2）鼻梁有青筋

婴幼儿由于皮肤比较薄，所以会让皮下的毛细血管和微静脉显露出来。韭菜馅儿的饺子皮儿薄馅儿大，露馅儿了。我们千万不能因为这种生理现象调理脾胃。调理脾胃是非常专业的事情，请交给儿科专科医院的中医儿科医生，他们会通过望闻问切来下诊断。

（3）鼻子上有白点

刚出生的宝宝，鼻翼两侧会有一些白色的小点点，医学上叫粟粒疹。这些粟粒疹是上皮细胞沉积所致，是正常现象，大一点就会消失。

（4）掏鼻子，吃鼻屎

有的宝宝喜欢掏鼻子，掏出来可能还会吃掉，这款咸鲜小零食让人欲罢不能，然而这不能算是异食癖。大多是因为鼻涕太多，加之空气干燥，孩子无聊。掏鼻子和吃鼻屎基本上算是生理现象。我们应该做的是增加空气湿度至50%~60%，适当纠正这种不雅现象。还有，给孩子买一点其他更可口的零食。

（5）流鼻血

宝宝的鼻黏膜稚嫩，黏膜下血管容易破损，从而流鼻血。宝宝流鼻血时，我们需要按照以下步骤处理。

①保持冷静。家长需要保持冷静，安抚宝宝情绪，避免宝宝因恐慌而哭闹，因为哭闹会加重出血。

②让宝宝坐直或稍向前倾。让宝宝保持坐姿，身体微微

向前倾，避免血液流入喉咙，引起咳嗽或呕吐。

③捏住鼻翼。用拇指和食指轻轻捏住宝宝鼻翼的柔软部分（位于鼻孔下方），让宝宝用口呼吸。持续按压5~10分钟，不要中途松开检查是否止血，因为这可能中断血栓形成的过程。

④冷敷。在宝宝的鼻梁或后颈轻轻敷上冷敷物（如湿冷的毛巾或冰袋包裹在布里），帮助血管收缩，减少出血。

⑤保持室内湿润。流鼻血后，保持室内空气湿润，可以使用加湿器，以减少因鼻腔干燥引起的鼻血。

⑥避免挖鼻孔。教育宝宝不要挖鼻孔，以减少鼻腔受伤的机会。

⑦观察后续情况。如果鼻血在15~20分钟后仍未停止，或者宝宝出现频繁流鼻血、大量出血、脸色苍白、虚弱等症状，应立即就医。

最后，想再次告诉大家，我们应该重视给孩子洗鼻，这能够湿润鼻腔，清除过敏物质和病原微生物，在防止鼻出血、预防呼吸道感染方面，洗鼻有不可替代的作用。洗鼻步骤已在普通感冒护理的章节详述，大家可以回顾一下。

• 喉

喉部主要有两种问题，一个是喉软骨软化，一个是喉炎。

（1）喉软骨软化

喉软骨软化的宝宝，在清醒时鼻腔和喉咙会发出类似小猪一样的哼哼声，睡着了以后嗓子会发出呼呼声，甚至有的孩子会偶尔咳嗽一两下。轻度喉软骨软化症患儿尽管呼吸时有杂音，但呼吸和喂养情况都很好，体重也会正常增长。不必担心，大部分宝宝都是轻度的，8月龄后慢慢就会好转，几乎所有喉软骨软化问题的宝宝会在 12—18 月龄时消失，因此除了加强维生素 D 补充外无须特别干预。

加强维生素 D 补充，指的是每日补充相对多一些的维生素 D。这有利于帮助宝宝喉软骨尽早发育起来。建议喉软骨软化的宝宝，每天持续口服 800IU 维生素 D 一个月，再改为 400IU/天。当然，你也可以给孩子每日补充一颗维生素 AD 加一颗维生素 D，这能使维生素 D 日补充量达到 900IU，一个月之后再改为维生素 AD 和维生素 D 每日交替口服。不论是 800IU 还是 900IU，对孩子来说都不会超量，更不会中毒。

严重喉软骨软化症的宝宝，可导致胸骨上或胸骨下凹陷、喂养不良、睡眠呼吸障碍、频繁呛奶，以及生长发育迟滞。这种宝宝需要及时到五官科就诊。

（2）喉炎

宝宝如果出现感冒症状后声音嘶哑，伴有空空样（小狗叫一样）咳嗽，胸骨上、锁骨下或肋间隙凹陷，需要立刻就诊，一刻也不能耽误，这是喉部感染之后的危重症。

· 舌

舌头有很多功能，能感知味觉、搅拌食物、分泌消化液、协助吞咽、帮助发音等，出糗时吐舌头能帮助表达情绪，舌苔在中医上还有疾病鉴别意义。我们接下来简单聊一下这些生理和病理现象。

（1）舌系带短

目前越来越多的业内人员的共识是尽量不剪舌系带。只有哺乳困难、有发音问题和不能灵活使用舌头的宝宝，我们才会建议剪一刀。舌系带在使用过程中可能自发延长，我们甚至可以观察到4周岁。还有一点非常重要，如果决定要剪，应该越早越好，比如未满月时，不用麻醉，而且创伤和风险也小。

（2）舌苔白厚

对舌苔的颜色来说，一直喝奶的人都很白。如果让你天天只喝奶，也许更白。舌苔白厚确实是中医的术语，前提是不要自己判断，一定要看可靠的中医。舌苔白可以用医用纱布沾一点温水套在大人的食指上，轻轻帮宝宝清理。

（3）地图舌

地图舌，医学上叫良性游走性舌炎。这是一种病因不明的复发性炎症性疾病，通常累及舌背，偶尔累及其他口腔黏膜（良性游走性口炎）。宝宝通常没有症状，更建议不管它。既然没有定论，我们也不要把这种现象和缺微量元素联系起来，均衡膳食且不影响宝宝吃东西，就忽略地图舌吧。当然，有时候我也会推荐一直有地图舌的宝宝去中医儿科看一下。

（4）草莓舌

如果宝宝没有发热、皮疹、食欲不振、精神差，我们自己观察到的"草莓舌"可能与医学上的症状并不一样，这种伪"草莓舌"很可能是正常的舌乳头。

· 唇

嘴唇是皮肤和黏膜的过渡区域，唇部的一些变化会让家长紧张，我们列举说明一下。

（1）上唇系带过宽

上唇系带过宽和过于短粗的宝宝，看上去上门牙牙缝过于宽大，其实这也是正常现象。女大十八变，其中变化之一肯定是影响面容1/3的上下颌骨，随着6周岁左右换牙进度逐渐推进，唇系带宽的问题也变得不再明显。

（2）上唇系带断裂

上唇系带位于上牙槽和上嘴唇之间，我们可以尝试用舌尖舔一下。该部位可能会在宝宝意外摔倒后彻底断裂。在宝宝受伤前2天，我们可以用碘伏消毒断裂部位，每日2—3次，这是为了防止口腔细菌感染伤口。断裂部位的处理重点是清创，也就是消毒，其实一般不必缝合。不用担心，上唇系带断端会在伤后7天左右愈合，不影响孩子成年之后的颜值。若以后宝宝上牙龈凸出，多半也与上唇系带断裂过无关，那是一种上颌发育问题。

（3）嘴唇发紫

常见的嘴唇发紫的原因有两个。一个是刚出生的宝宝，嘴唇的上皮细胞积聚显得不再透明而变得有点紫，我们发现这种宝宝嘴唇的深处是红润有光泽的，这不是先天性心脏病。第二个原因是宝宝太冷了，寒冷的冬季，以及刚洗完澡或者游完泳时更常见，保暖后，宝宝会恢复嘴唇红润。

当然，如果嘴唇发紫的问题让你很担心，可以安排给孩子做一个心脏超声检查。

（4）嘴唇干裂

嘴唇裂开，大多是空气太干燥所致，给宝宝涂唇膏即可。唇膏不用买太高级的，多涂几遍更保湿。家里的环境湿度不要太低，50%~60%最宜居。

· 牙齿和口腔

宝宝大约在4~6个月萌出第一颗乳牙，与其关注那些不用关注的东西，我们更应该保持口腔健康，也就是仔细地刷牙，关于口腔健康在后面章节有更详细的内容。本小节先解答一下大家的一些牙齿和口腔的问题。

（1）出牙晚

有的宝宝都 8 个月了还没出牙，家长急得都想给娃去镶牙了。出牙因人而异，出牙顺序也千差万别，宝宝不出牙是因为每个人都独一无二、与众不同。按照《儿科学（第 9 版）》，13 个月之内出牙即正常。按照美国牙科协会建议，18 个月内出牙就不算晚。好牙不怕晚，刷牙别太晚。

（2）牙缝宽，牙不齐

宝宝的牙齿是长在牙槽骨上的。这类似于我们需要种一排树，植树时我们会挖坑、放进小树苗、埋上土。这一排土地就是牙槽骨，挖的坑就是放牙齿的牙槽窝，小树苗就是小乳牙，埋上的土就是牙龈。如果一棵棵的树都挤在一起，会影响营养吸收。至于牙不齐，也问题不大，种一排树也不一定很齐，能长大成材即可，对于牙来说，能啃大骨头棒子和鸡腿就行。

（3）牙齿有小黑线和黑斑

如果宝宝的牙齿很完整，没有洞洞眼，这些黑线和黑斑大部分都是由于食物色素引起的。单纯食物引起的有可能呈现咖啡色，吃铁剂的宝宝的牙齿斑块颜色会更深一些。不用担心，这种不是龋齿，也不会影响功能，我们真的没必要去做牙齿美容。毕竟到 5~6 周岁还会换牙。

（4）牙齿未出齐

一般来说，儿童在 2.5 岁之前牙齿会出齐，一共 20 颗。但是有的宝宝会略慢一点，3 岁之前出齐问题就不大。牙齿是否能够出齐也不是我们评估儿童生长发育的重点。

·爱未来科学育儿指南

（5）流口水

婴幼儿本身就处于口欲期，看到东西就啃，边啃边流口水是很正常的。况且，出牙期也会刺激唾液腺分泌旺盛。当然，有的宝宝流口水会略显夸张，从早到晚一刻不停地滴滴答答，就算这样一般也不会脱水的。

对口水较多的宝宝，我们不要经常捏他的脸蛋，并做好口水疹的预防和护理。口水疹的护理知识将在护肤章节展开。

（6）口腔溃疡

宝宝的口腔溃疡往往是由于吃了比较硬的东西，有时候咬到自己也会在受伤部位形成创伤性溃疡。太咸、太酸、太甜的东西也会让口腔黏膜萎缩，局部很可能会发生溃疡。大部分的口腔溃疡不需要特别干预，在7天左右就会长出新的黏膜。口腔溃疡和维生素C没有什么关系，婴幼儿奶粉和辅食中已有维生素C，不需要额外补充维生素C。

口腔溃疡需要和疱疹性咽峡炎和疱疹性口腔炎鉴别，后二者往往会有发热病史，如果可疑建议到儿科门诊就诊。

（7）长马牙

如果你从来都没听过"马牙"这个词，就可以略过这一段内容。一般认为，上皮细胞珠沉积于牙龈表面，俗称为马牙。你要做的是不要挑破它们，因为这些上皮细胞无须处理，挑破反而容易感染。类似的，有的宝宝出生后就会发现上腭处也有很多白色小颗粒，这也是上皮细胞沉积所致，也不要去用针刺。

其实儿童还有很多类似的生理现象，大家发现没有，这些"碍眼"的问题只要你不去动它，就是对孩子最大的帮助。

·头部问题

婴幼儿的头具有可塑性强的特点，尤其是3个月内的婴儿，睡一晚都可能把头睡扁。其实，只要不是一直朝一侧睡，基本不会把头型睡得特别难看。在3个月之前，我们可以每日给孩子左侧睡、右侧睡、仰面睡、趴着玩，这样可以把头型睡得圆润，不至于偏头、扁头或者舟状头。也就是说，多方位睡眠能塑造立体感。某些宝宝会习惯于睡向某一侧，我们可以在他睡熟后，用枕巾卷成一个卷，垫在他的背部，调整左右姿势；两个枕巾卷可以夹住宝宝，让他仰面朝天熟睡。

若做了很多工作，宝宝的头最终还是扁了，也没关系。毕竟，头型美观若不够，还可以用发型来凑。

· *颅骨软化*

我们发现很多早产儿和部分足月儿都有颅骨软的问题，像一个可以压下去的乒乓球，也像软壳鸡蛋。这可能由于胎儿时期钙质沉积不够导致的颅骨发育不够成熟。

但需要指出，钙沉积不够不是钙元素不足，大部分情况下其实和宝宝缺钙并没有太大关系。这些宝宝一般都不缺钙，缺的是一个发育的过程，以及帮助钙吸收和利用的维生素D。如喉软骨软化一样，我们可以给孩子早补充、多补充维生素D来解决。宝宝出生后第8天，就可以开始补充维生素D每日800IU，直到出生后90天为止，再改成400IU/天，这些维生素D可以帮助颅骨软化的宝宝的颅骨早点硬起来。

· *囟门*

囟门是宝宝出生之后颅顶未被颅骨覆盖留下的洞，前后各一个，前面的大致呈菱形，后面的更像三角形。大约在出生6至8周，三角形的后囟基本会闭合，大家所纠结的问题基本聚焦于菱形的前囟。

·爱未来科学育儿指南

囟门的大小、是否波动、是否太软、闭合时间,这些统统都不需要关心,关心则乱。因为这些会让你误入歧途。比如囟门闭合太早会让你感觉颅缝早闭,闭合太晚误以为缺钙,囟门太大会怀疑宝宝是否有脑积水,查找了资料也会让你对号入座,难以入眠。

评估儿童生长发育,囟门确实需要关注,然而我不推荐家长去看囟门如何。医生评估囟门需要了解更多的辅助信息,而这些信息比单纯的囟门闭不闭合更重要。囟门什么时候闭合确实很多教科书都有写,然而随着医学的进步,我们发现,囟门并不是绝对一岁半之前都能长牢,很多完全正常的宝宝3岁囟门才完全闭合。

在儿童保健领域,我们会看宝宝体重如何、身高如何、运动如何、头围是否正常、胎儿时期有无检查异常等,来判断囟门的系列问题是否需要参考,这是非常专业的事情,建议交给医生处理。坦白讲,很多情况下,经验丰富的医生都不太会参考囟门。

时间是一剂良药,该药在治疗父母焦虑症方面有绝对适应证。

· 毛发和头皮

大多数家庭都习惯从头发上判断孩子是否有问题,一顿乱查之后一波乱补,最后孩子头发问题真的好了,还把功劳归给了营养补充剂,却不知真正治愈宝宝头发问题的是时间。有时候我会想,时间还是一种解毒剂,会促进伪科普短视频的余毒的排出。

生理和病理现象

- 头发稀少

宝宝出生之后的头发是胎毛,随着时间的推移,孩子的毛囊也会慢慢发育。也就是说,刚出生时的发量,和10月龄之后的发量没有必然联系,头发是否稀少至少需要等孩子10个月大时再评估。

- 毛发黄

宝宝是否营养状况良好,需要判断体重、头围和身高,而不只是毛发。10个月之后的宝宝,如果偏食、挑食严重,生长发育迟缓,缺铁,存在毛发枯黄问题,确实可以尝试补锌。然而我们发现,有的宝宝的发色其实来自父母的遗传,可以问问外婆,也许妈妈小时候在类似的年龄段是个黄毛丫头,爸爸那边就要问奶奶了。

- 宝宝枕秃脱发

宝宝枕秃不是缺钙的表现,主要是由于经常摇头,把胎毛给磨没了。这区别于成年人的枕秃和真菌性皮炎的枕秃,不必紧张。还是那句话,10个月之后再见分晓。

至于脱发,多半是宝宝的毛发更新换代比较快速,发根比较纤细所致。我们会发现,宝宝洗澡时掉头发更多。一般认为,一天脱落100~200根都算正常生理现象。

说到了具体数字,你不会准备真的天天去数吧?其实大可不必。只要不是斑秃(也就是突然一小块头皮没长头发),就不必担心。

- 头发竖着长

毛发的生长方向,很大程度上取决于毛囊的位置和毛发是否粗硬。不论如何,头发竖着长没问题。这种发型和发质显得整个人更精神。

· 几根白发

这缘于这几根毛发的变异。黑色毛发的生长与体内一种关键的酶——酪氨酸酶密切相关。酪氨酸酶在黑色素合成过程中起着催化作用。黑色毛发的发根中此酶丰富一些,浅色毛发中这种酶少一些,白色毛发就完全缺了这种酶。

几根白头发没啥,也不用拔,对健康没有影响,也不是缺什么营养。放心,孩子虽然早生华发,但肯定晚于你衰老。

· 有一块没头发

出生时宝宝有一块头皮没有头发,大多数是因为皮脂腺痣导致的。有皮脂腺痣的那一块头皮,没有任何的毛囊,所以也不会有头发。比较小的皮脂腺痣不需要处理,因为留长发后就盖住了这块个性区域。

如果宝宝在成长过程中出现了斑秃,就要去医院的皮肤科就诊排除真菌感染。

· 头皮上的乳痂

宝宝出生后的前几个月,会有一点黄色分泌物贴在头皮上,医学上称为脂溢性皮炎。这是皮脂腺分泌旺盛,油脂沉积于头皮所致。

我们不要将痂皮硬揭下来,这样会出血和感染。我们可以使用婴儿抚触油每天浸泡头皮,也就是洗头之后再用抚触油浸泡宝宝的头皮。每次都要浸泡超过1个小时,随后用毛巾擦掉。如此护理大约5天,乳痂会在无创伤的情况下自然脱落。

至于如何洗头,我们将在后面章节讲解。

· 颅骨骨缝

宝宝的颅骨,不是一整块,而是由几块骨头拼接而成。头盖骨拼接的地方,不一定那么整齐。这里有个解剖结构,类似于拼图的缝隙,医学上叫骨缝。骨缝凸起的部位,会显得坑坑洼洼、凹凸不平。所以,其实每个孩子生下来都是"凹凸曼"。

和囟门类似,骨缝也会在3岁左右变得不再明显,5岁时基本消失不见,无须处理。

需要指出,有些宝宝的额头处两侧骨缝很明显,会被误认为方颅,从而被误诊佝偻病。实际上,按时并规律口服维生素D的宝宝一般不会有佝偻病,这些宝宝是大脑发育得比较好,显得天庭饱满而已,别担心。佝偻病的诊断需要多方面的证据,若不放心的话,可以查血清总维生素D,正常参考值是30ng/ml(75nmol/L)以上。

· 淋巴结

装修屋子排管道时,我们知道有冷、热水管和上、下水管之分。其实人体也存在三套管道,如果动脉系统是热水管道的话,那么静脉就是冷水管。只不过,貌似这么比喻仍然不够贴切,因为很多人都感觉淋巴系统是污水管。

淋巴系统一直被误认为是排污的,俗话说是排毒的,但其实淋巴系统主要的功能是免疫防御功能。淋巴系统本身没有毒素,它的作用是帮助我们清除病原微生物。我们都知道,大多数病毒感染之后,血常规会提示淋巴细胞升高。之所以感冒能好,淋巴细胞功不可没。更神奇的是,有些淋巴细胞还有记忆功能,能够记住上次入侵的病原体长得啥模样,会更快识别并反应过来从而精准打击。

淋巴结坐落在淋巴管道网络的关键位置，扮演着类似"过滤器"的角色，承担起净化淋巴液的任务。当诸如细菌、病毒等病原体，或是细胞残片、肿瘤细胞以及其他有害物质通过组织间隙渗透进淋巴系统内部时，淋巴结内的特殊结构能够有效捕获并消除这些外来异物。

临床上绝大部分的淋巴结增大，都是近期感染了某种病原微生物之后，附近淋巴结的过激反应，基本是正常的。这包括下巴下面的、脖子前面的、耳朵后面的以及腋窝里的淋巴结。这些淋巴结可能长年累月不消失，而又不变大，孩子没有任何的不适感。不要把它们和淋巴瘤或者白血病联系起来，也不用经常去触摸。

只要淋巴结不是突然变得很大、融合成团、局部明显红肿热痛，就不用处理。担心白血病可以查血常规。

·四肢和骨关节

我们身体的运动系统，由骨骼、关节、肌肉以及各种韧带组成。本小节给大家列举骨关节的常见现象，关于手脚和指甲上的系列问题也一并解答。

·手脚倒刺

倒刺缺锌的谣言由来已久，已不可考证出处，却又深入人心。

其实倒刺跟缺锌没有关系，倒刺的根本原因是空气过于干燥，宝宝皮肤又过于稚嫩，在手脚活动发育的敏感期，会锻炼很多精细运动，摸这摸那就容易损伤。

生理和病理现象·

再者，人体皮肤的更新速率是不统一的，这一点可以在双手受伤时拆线时间长于其他部位就能看得出来（双手外伤需 2 周才能拆线）。因此，受伤的指甲周围皮肤会摩擦、翘起来，然而下一批新皮肤还没上线，得等 2 周才能续上，若再加上空气干燥，就出现倒刺了。

手脚起倒刺真正要做的，是以下几条。

①先用指甲刀，在倒刺的根部将其剪掉。

②每日不厌其烦地涂抹保湿霜。我们趁着孩子睡着涂抹，可以防止吃手频繁把保湿霜吃进去，当然，稍微吃进去一点也问题不大。

③我们不能撕倒刺，撕完了就得疼 2 周，度日如年。

④如果已经有出血了，需要碘伏消毒 3—5 天。

⑤如果出现化脓和手指头红肿发烫，就需要就诊了。

·指甲

新生儿的指甲比大孩子更透明，剪指甲容易剪到肉，建议 3 个月内最好不剪指甲。可是宝宝"张牙舞爪"抓来抓去，很容易"毁容"，建议给孩子套一个反穿的袜子。反穿的袜子会让线头在外面，更加舒适，当然很多婴儿袜已经这么设计了。

肯定有家长担心，这样是否会影响孩子的手指精细运动发育，其实完全不必担心。宽松的袜子做手套，不会影响手指头的灵敏度。当然，如果你不想给宝宝套袜子也没事，抓伤面部并不是真的毁容，基本上不会留疤。

关于指甲还有很多问题，我们一一解答。

（1）指甲长白斑

指甲下面有些小的白色斑块，是正常现象。这是由于指甲经常碰到坚硬物体,引起了指甲下面的轻微损伤,无须处理。这不是缺锌不用补锌,不是肚子有虫不用吃打虫药。

(2)指甲长竖纹

指甲的竖纹,有时候被认为可能代表上了年纪,因为我们发现老年人的指甲竖纹通常比年轻人多一些。但我们还发现,竖纹具有个性化,这并不是说孩子更早地衰老了。宝宝指甲长竖纹,有可能不代表任何问题。

(3)指甲的月牙

指甲上的月牙,医学上称为"甲半月"或"甲半月痕",是甲基的一部分,位于指甲根部靠近指肉的位置,呈现为白色或淡白色的半月形状。它是新生成的指甲细胞逐渐向外推出过程中尚未完全角质化的部分,因此颜色较淡。

月牙的数量和大小因人而异,并非所有人都有明显的月牙,这主要取决于个体的遗传、营养状况、健康状况以及指甲生长速度等因素。一般来说,月牙的大小和数量与人体的新陈代谢水平、指甲生长速度有一定的关系,但并不直接反映健康状况。

如果宝宝原本正常的月牙突然发生明显变化(如消失或变色),可能提示存在某些健康问题,这时建议就医检查以明确原因,宝宝甲半月一直那么大没啥变化,就不管他。

(4)指甲翘起和凹陷

指甲翘着长不一定有问题,为了更放心,我们需要先排除一些情况。比如孩子是否出现过指甲外伤、感染,家庭成员有无灰指甲,宝宝生长发育如何,等。如果这些都没问题,则大概率孩子也不会有问题。

指甲有凹陷,需要警惕缺铁性贫血,血常规可以帮助判断。

具体可以看一下缺铁那部分的内容。

（5）孩子吃手、啃指甲

孩子吃手、啃指甲是一种常见的儿童习惯性动作，通常被称为咬甲癖。这种行为可能由多种原因引起，并且处理方法需要综合考虑孩子的年龄、心理因素以及环境和生理状况。

如果孩子频繁吃手、啃指甲，我们可以这样做。

定期修剪指甲。保持指甲清洁并适当地剪短，避免因指甲过长而引发孩子咬指甲的冲动。

情感支持与沟通。吮吸手指是婴儿早期发育阶段的正常现象，但如果持续到幼儿期及以上，可能是对安全感的需求。孩子可能因为紧张、焦虑、压力大或无聊而通过咬指甲来缓解情绪。我们应关注孩子的情绪变化，为他们提供一个温馨、放松的家庭氛围，减少其面临的压力源。

转移注意力。当发现孩子开始咬指甲时，可以通过做游戏、讲故事等方式转移他们的注意力，帮助他们养成健康的习惯。

营养补充。有一部分缺铁和缺锌的宝宝，会出现咬指甲甚至异食癖。我们需要关注宝宝是否缺铁和缺锌，并做好相应补充。

正面激励。设定奖励机制，鼓励孩子逐渐改掉这个习惯，例如一天内不咬指甲给予小奖励或表扬。

（6）指甲下面有黑痣

指甲下面出现黑痣，医学上称为"甲下痣"或"甲母痣"，是一种皮肤色素痣出现在指甲基质（甲床）部位的情况。大多数情况下，甲下痣是良性的现象，不需要处理。但如果发现指甲下的黑痣有以下特征之一，应尽快就医检查。

黑痣突然增大或快速变大。

黑痣颜色不均匀，从棕色到黑色甚至带有蓝色、白色或红色斑点。

黑痣边缘模糊不清，呈现锯齿状。

有黑痣的手指头出现瘙痒、疼痛、出血或指甲变形等异常症状。

· 抖动

宝宝刚出生，大脑皮层发育不完善。大脑作为中枢神经系统的司令部，有控制肢体的功能，但这种控制力在3~6个月之内还不强，因此会出现一惊一乍的现象。这种抖动往往发生于睡梦中，有时也出现于我们突然碰他一下的时候。

如前所述，我们可以像处理喉软骨软化那样，给宝宝多补充一点维生素D，来帮助宝宝缓解这种神经系统兴奋性增高的问题，其他的就交给时间。

· 关节响

人体的关节处于两块或者几块骨头之间，被周围的韧带所包绕，里面有一些关节液作为润滑剂，我们叫作关节腔。

然而，关节液并不是完全充满关节腔的，里面还会混有一些气泡。当关节运动时，这些气泡会挤压、破裂，从而发出响声。这些声音传导到体表，就是我们听到的咔咔声。相信你也捏过那种塑料，就是带小泡泡的那种。为了缓冲压力和碰撞，易碎品会用布满小气泡的塑料包装，挤破这些塑料小泡泡会发出声音。宝宝的各个关节发出的声音，就类似于这些塑料气泡。你会发现，在抱起宝宝时、给宝宝做操时，很可能出现背部、颈肩部甚至下肢的弹响。但绝大部分时候并不影响孩子的健康，不必担心。

有一种情况,当宝宝大腿根经常出现弹响,我们需要给孩子做一下髋关节B超,以排除髋关节问题。

· 臀/腿纹不对称

臀/腿纹是否对称,是很多父母和儿童保健科医生关注的问题。髋关节发育不良或者髋关节脱位,确实需要警惕,只不过我们并不能仅通过臀纹或者腿纹不对称来判断。大部分臀/腿纹不对称是由于两个屁股蛋和大腿皮下脂肪或者肌肉分布不均匀,与骨头和关节无关。随着孩子的发育,会站立和行走之后,这种皮肤和皮下脂肪的不均匀导致的皮肤纹路不对称,往往就变得对称了。

当然,为了解除这种焦虑,仍然建议完善髋关节B超。尤其是臀位分娩,有髋关节发育不良家族史的女宝宝,以及出生后被襁褓包裹过和有髋关节弹响等表现的宝宝,一定要做B超。

· 剑突

剑突是一个所有人都存在的解剖结构。它位于两侧肋骨交界处,也就是人体正面的胸腹部交界的前正中心位置。在婴幼儿时期,由于腹部肌肉发育还不完善,肚子又鼓鼓的,会看到这块软骨,常常被误以为是长了一个"瘤子"。我曾接诊过不少因为这个"肿瘤"睡不着觉的父母,还有不远万里来找我们"开刀"的。实际上,这是一个每个人都有的解剖结构,成人由于腹肌和腱膜增厚,盖住了这个结构。东西还在,只是表面上看不见了。

· 肋骨外翻

关于肋骨外翻有很多"传说",但医学上其实不存在肋骨外翻这个概念。有人说缺钙,有人说佝偻病,其实都不对。

婴儿时期,很多时候宝宝都是躺着的,平摊的肚子会让肋骨像是翻出来一样。也就是说,肋骨外翻是孩子的生理现象。至于佝偻病,其实医学上是用"肋膈沟"来描述的,而不是肋骨外翻。有肋膈沟的宝宝,重度营养不良,皮包骨头。也许你也见过非洲儿童和秃鹫在一起的那张照片。是的,肋膈沟指的是那种瘦骨嶙峋的宝宝,确实有佝偻病。不要将你的发育正常的宝宝用正常的肋骨外翻下诊断。

当然,如果你还是非常担心宝宝肋骨外翻,或者说别人说你的宝宝有佝偻病,你完全可以测一下血清总维生素 D 来验证。

·睡着出汗

目前认为,宝宝刚入睡时头上出汗是正常现象,这可能与婴幼儿新陈代谢旺盛有关。我们能够做的有两点。

(1)降低环境温度到 20℃,给孩子穿一件薄款睡袋,或睡着之后盖一层浴巾一样厚度的薄被子。

(2)补充维生素 D 800IU/ 天,持续 1 个月,用以缓解神经系统非特异性表现所致的出汗。

最后,我们几乎可以肯定,如果宝宝生长发育达标且不肥胖,睡着出汗和缺钙一般没有关系。

·左右摇头

很多宝宝摇头晃脑,还会把枕部的头发磨平,但不要担心。

(1)由于大运动和视听觉在发育,宝宝对周围事物的探索能力在增强,这其实是好事情。

（2）宝宝清醒时摇头和睡着了摇头都不必紧张，我们仍然建议每日补充维生素 D 800IU，持续 1 个月，可能这种摇头就缓解了。因为有时候维生素 D 缺乏的神经系统非特异性症状之一，也是摇头。

（3）如果发现宝宝出现头皮和面部湿疹，则需要相应护理和处理，这些在相应章节已讲过，不再赘述。

（4）若宝宝外耳道流脓，抓耳朵伴发异常哭吵，体温升高，则需要去医院看一下有无中耳炎。

·大便系列问题

先讲个笑话，有只小熊在路上走着，发现路中央有一坨东西。他看这坨东西长得像大便，颜色像大便，摸一摸感觉也像大便，闻着还是像大便。然后他忍不住尝了一口，心里终于松了一口气：幸好尝了尝，要不然就踩上了。最后他不再纠结，终于迈过大便，昂头挺胸地走了。

这个笑话不是随便说的，很多家长就像这只小熊一样。他们非常喜欢观察大便，研究大便的色香味，真的就差尝一口了。讲真的，宝宝的大便绝大多数情况下都没有什么医学意义，重要的是孩子的体重长得如何、是否脱水、有无精神食欲差以及有无呕吐。接下来，我们解析一下这些形形色色的大便带来的困惑。

·大便绿色

绿色大便和黄色、黄绿色一样，都是正常大便的颜色。

（1）当宝宝肠道蠕动过于活跃，让绿色的胆绿素未经氧化为黄色粪胆原就随着肠道快速流出来，太快就是绿色，稍快就是黄绿色

（2）奶粉喂养的宝宝，配方奶里掺入了较多的铁元素，就会出现绿色大便。最后，吃特殊配方奶（深度水解或者氨基酸配方）的宝宝，由于消化过程中胆汁没有利用充分，所以胆汁顺着肠道就流出来了，而胆汁本身就是绿色的

（3）吃适度水解奶粉的宝宝，也会出现黄色伴有绿色的大便，这是由于利用了部分胆汁

（4）绿色大便也是正常颜色，应该像黄色和褐色一样让人心安

- 大便黑色

黑色大便，大部分都是食物原因，常见的食物是动物的血液，比如猪血、鸭血、羊血等，营养补充剂指的是铁剂，也包括医院和药店买的补铁药物。

- 大便黏液

人体消化系统需要多种消化酶参与，上消化道中有唾液淀粉酶，在下消化道，有胰液和小肠液等。当肠道蠕动较活跃时，这些消化液还没有来得及被利用，大便就呈黏液状。

再次强调，千万不要轻易诊断细菌性肠炎，乱用抗生素。具体如何判断腹泻性质和判读粪常规，可以见腹泻用药部分内容。

- 大便泡沫、大便往外蹦、大便次数多

我们亚洲人群大约 70%~90% 的人有乳糖不耐受，这包括小孩和大人。因此，乳糖不耐受属于常见的问题，往往不会影响宝宝体重增长。乳糖不耐受的表现之一，就是泡沫大便，因此也是极为普遍的生理现象。

乳糖不耐受的宝宝，除了有泡沫便，还会出现大便往外蹦、

大便次数多。这些内容在腹泻章节已详细讲解。

我们可以使用大便乳糖不耐受试纸检测，也可以测尿半乳糖。但这项检查完全可以不用做，因为就算测出来阳性，我们也不一定要给孩子加乳糖酶。体重增长良好、能保持肛周护理得当的孩子，其实没有必要加乳糖酶。接下来我们科普一下乳糖酶的正确吃法。

（1）通常选择活性超过一万单位的乳糖酶。

（2）母乳喂养，需要将母乳挤出来或者用吸奶器吸出。

（3）在母乳中滴入或者撒入乳糖酶，配比可以按照乳糖酶的说明书。

（4）静置母乳15分钟后，给宝宝喂养，每次都需要重复上述步骤。

（5）奶粉喂养的宝宝，加乳糖酶需要保证水温不要超过40℃。

（6）如果装配方奶或者母乳的奶瓶已经凉了，需要隔水加温。

乳糖酶说明书上的吃法没有这么烦琐，可能会写喂奶之前给孩子吃数滴乳糖酶，但我们发现，很多宝宝还是会存在乳糖不耐受，还是从体外将乳糖消化掉更靠谱。也就是说，为了保证乳糖酶效果，科学吃法非常烦琐，既没有必要，也增加我们的育儿时间和经济成本。简言之，乳糖不耐受宝宝，需要重点关注生长发育，并预防红屁股。红屁股内容，会在后面肛周护理一章详细告诉大家。

· 大便奶瓣

由于婴儿期宝宝的肠道未成熟，消化奶液时，并不能完全将其中的蛋白质和脂肪消化彻底，就出现了大便的奶瓣。但只要宝宝体重长得好就可以，没必要观察有无奶瓣，没必要吃益生菌。我们看孩子肠道是否成熟，主要看能不能吸收，而不是能否消化。至于是否吸收，指的就是能不能长体重。

· 大便酸臭

大便酸臭，是由于肠道的有益菌群在帮助分解脂肪和蛋白质的过程中，产生的一些发酵的味道，不必在意。"自己家的孩子，拉的屎都是香的"，这都是戏言，可别当真。

· 大便不成形

宝宝的大便什么时候成形，具有个体差异性。而且我们发现，只有吃了有形食物（辅食），宝宝的大便才有可能慢慢成形。对于母乳性腹泻的宝宝，大便可能要等到1岁多，甚至更晚才慢慢成形。大便是否成形也不是那么重要，随着孩子慢慢长大，肠道成熟，大便自然会成形。

· 血丝便和红色大便

除了吃了西红柿、火龙果等食物因素，发现血丝便或者红色大便的宝宝，大多数是牛奶蛋白过敏的表现。这块知识在牛奶蛋白过敏那一章已详细讲解。如果宝宝出血量非常大，需要及时就诊。

总之，我不希望任何家长成为"屎学家"，写这些主要是为了告诉大家，绝大部分情况下大便不重要，体重才重要。每个人的时间精力都有限，我们只有抓住主要矛盾，也就是生长发育是否满意，才能使养孩子变轻松。

15

口腔护理

口腔健康极其重要，很多家长到发现孩子牙齿坏掉那一刻，才追悔莫及。有的人认为孩子的乳牙并不需要刷，他们认为反正以后要换牙，其实这是不对的。乳牙不刷的话烂到根上，就影响恒牙的牙胚，到时候出来的恒牙也不会健康。关于口腔健康和刷牙，可能你想了解的有以下问题。

·何时开始刷牙

事实上，孩子应该尽早开始刷牙，比如从出生后数天开始。新生儿被称为"无牙子"，一直到出第一颗乳牙之前，我们主要是帮助宝宝清理舌苔。

如果你习惯偷懒，或者认为舌苔厚一点也无所谓，在出牙前没有给孩子清理过口腔。那么当孩子出现第一颗牙开始，也就是你偷懒的终结。

·如何给宝宝选择牙膏和牙刷

其实我们可以选择各种儿童牙刷，没有太大讲究。也许较柔软的万毛刷和电动牙刷更合适，但这并不是特别重要。重点是确保给宝宝刷牙仔细。保证了牙刷的质量，却不能保证刷牙的质量，也毫无意义。

在牙膏选择方面，需要选择含氟量较低的牙膏，通常含500~1100ppm氟化钠或单氟磷酸钠。该浓度范围内的含氟牙膏，能有效防蛀又不致摄入氟过量。如果购买的牙膏是不含氟的，那就类似于软糖了。不含氟牙膏起不到任何防蛀目的，反而还可能让宝宝爱上甜食，从而更不利于口腔健康。因此，在含氟牙膏这件事上千万不要选错。此外，二氧化硅也是儿童牙膏的理想摩擦剂，优于碳酸钙。

·具体如何给宝宝刷牙

在宝宝牙刷上挤上米粒大小的儿童牙膏，给宝宝在早晚各刷一遍牙，一天两次，一次至少2分钟。

每次刷牙时，都确保每颗牙齿的前后、左右、里外、上下都清洁到位。如果宝宝塞牙了，应该用牙签或者牙线将食物残渣轻柔剔出。最后，刷几下舌苔作为每次刷牙的结束仪式。

有时候，刚开始刷牙时，孩子会不配合。这时候也许需要另一个大人帮助，控制住孩子并迫使他张开嘴巴。慢慢适应刷牙程序之后，孩子会知道这是为了他好。那些不刷牙的幼童，就算侥幸没有龋齿和牙周炎，也会长顽固不化的牙结石。

·日常如何保持牙齿健康

宝宝平时应少吃甜食、酸食。吃了任何酸的、甜的食物之后，让宝宝养成漱口或者喝一口水的习惯。为了尽量不出现牙齿色素沉着，建议吃了含色素较多的食物之后，给宝宝再刷一遍牙。

·宝宝涂氟有哪些要点

涂氟没有年龄限制，通常建议2周岁以上涂氟，因为太小的宝宝难以接受涂氟过程。一年2次，是比较推荐的安全涂氟频率。当然，一般具有高患龋齿风险的儿童，也就是父母口腔不健康，宝宝已经出现龋坏的迹象，则可以选择每3个月涂氟一次。关于涂氟，大家还需要知道这些。

（1）幼儿涂氟用的是氟化物清漆，一般常用剂量是2.3—5mg，不必担心，通常不会导致氟化物摄入过量。

（2）涂氟时只须涂布唇颊面和后牙咬合面，氟化物便会从湿润的牙面迅速扩散到邻面和舌侧。

（3）刚涂氟完毕，至少4个小时内不要刷牙和使用牙线，可以喝凉白开，但不可以喝热水，暂时不漱口也不吃硬东西。

（4）萌出性龈炎、溃疡时，不能涂氟。

（5）这项操作虽然非常简单，但我们尽量将它交给牙科医生。

（6）涂氟不是一劳永逸的，仍然要坚持每日刷牙，否则虫牙仍然会找上门。

·宝宝需要做窝沟封闭吗

牙科医生一般考虑孩子的配合能力、操作舒适度以及磨牙是否窝沟较多等，况且，婴幼儿一般不会做窝沟封闭，3岁后更科学。为了让"大牙"，也就是医学上说的磨牙别蛀掉，还是更推荐仔细刷牙。

16

护肤和皮肤问题

婴幼儿皮肤的生理结构和功能，在发育初期与成人的存在显著差异。并且这一发育成熟的过程，通常会持续到出生后的一整年，甚至更久。

首先，婴幼儿的皮肤角质层明显比成人薄，角质细胞体积较小，而且其皮肤锁水能力尚处于不完全成熟的阶段，角质层内富含水分，而天然保湿因子相对较少。

其次，婴儿的皮肤不是酸性的，出生时皮肤 pH 接近中性（由于部位差异从 6.6~7.5），这可能与刚从羊水环境（pH=7.4）中出来有关，随着成长才慢慢变成类似成人的皮肤 pH 值，也就是慢慢变酸。

另外，宝宝体表面积与体重的比例，相对成人大约高出 3 至 5 倍，且皮肤的角质细胞尺寸小、角质层薄度较低。这些独有的特征使得婴幼儿皮肤特别容易遭受各种肌肤问题的影响。

可惜的是，尽管护肤极为重要，但却也极易被忽略。其实，无论你地处天南还是海北，都需要因地制宜地护理好皮肤。本章将事无巨细给大家解答系列皮肤问题，还有一个彩蛋：给孩子洗澡实操技巧。

·护肤

·护肤品选择

由于药物以及其他物质更容易穿透婴幼儿的皮肤并被系统吸收,所以相较于成人,婴幼儿对有害化学物质和变应原,表现出更高的敏感性和反应性。尤其对于早产儿来说,他们的皮肤屏障功能尚未完全建立,皮肤的通透性更高,对外界刺激更加敏感。

因此,在为婴儿选择护肤品时必须格外谨慎,建议使用专门为婴幼儿设计且不含香精、酒精、色素及某些防腐剂等潜在刺激成分的产品,确保产品温和无刺激,有助于维护和完善其皮肤屏障功能,以最大程度地保护他们稚嫩而敏感的肌肤不受伤害。

·日常护肤步骤

宝宝每日都需要全身涂抹保湿霜,皮肤经常干燥泛红的宝宝,更应该多涂抹。如果你难以保证每日多次,至少保证每日厚厚地涂抹一遍,而这一遍最好在洗澡后进行。

·怎么洗澡

首先,并不是每天都需要洗澡。实际上,宝宝的皮肤没有这么脏,角质层的更新周期大约在28天。理论上,宝宝一个月洗一回澡,也不是什么大事。频繁洗澡,会让角质层外面的油脂来不及分泌,若这时候身体乳涂抹得不够及时,更容易伤害皮肤。但如果在炎热的夏季,或者孩子出汗很多,尽量洗频繁一些,每日一次为宜。

洗澡之前,我们需要准备好环境和物品。环境方面,将浴室环境温度提高到25℃左右，冬天可以打开风暖型浴霸达到该温度，而洗澡的水温，建议不要超过37℃。物品方面，需要在孩子脱衣服之前准备妥当，包括洗澡盆、纱布方巾、浴巾、洗发沐浴二合一浴品、尿不湿、洗完后更换的衣服、保湿霜或者身体乳等。

洗澡步骤如下。

（1）将婴儿放入浴盆，左手托住宝宝颈肩部，让宝宝半躺在浴盆里，头面部和颈部露出水面，下半身和腹部没过水面。右手使用纱布方巾轻轻擦拭身体，随后清洗头部。然后清洗皮肤皱褶处的缝隙，比如脖子根、腋窝、腹股沟、腘窝。随后清洗会阴区域，女婴不需要使劲揉搓或者翻动清洗，男婴也不需要特别翻开包皮清洗。肛门位置应该放在最后清洗。在这过程中，可以涂抹沐浴露和洗发露，也可以只用清水。每次洗澡建议控制在5~10分钟内洗完，洗的时间太长不利于皮肤屏障的维系。

（2）快速把婴儿从水里捞出，裹上浴巾，并快速擦拭头发和颈部。

（3）快速涂抹婴儿保湿霜或身体乳，并轻柔按摩促进保湿产品的吸收。夏天用轻薄的身体保湿乳液，秋冬可以用较稠厚的霜或者膏。

（4）如果是6个月内的婴儿，可以用全身的抚触油。洗澡后全身马上用到的抚触油，可代替身体乳。

（5）在开着暖风机的洗澡间里，快速给孩子穿上尿不湿和衣服。

发现了没有，洗澡过程，一字记之曰：快。只有快速洗完，快速涂上保湿产品，才能够让肌肤屏障重新建立。快速穿上衣服，能防止着凉。

最后，对于沐浴露和洗发露，个人建议每周使用1~2次，若每次都使用就显得过于频繁，也可能不利于肌肤健康。

· 常见护肤误区

（1）婴儿不用护肤。

诚然，在四季如春、温度湿度均适宜的城市生活，宝宝也许会免受肌肤问题困扰，但发育不完善的皮肤功能屏障却是客观存在的。而生一个不护肤就肌肤水润光泽有弹性的娃的概率很低，和生一个神童概率应该差不多，不要赌这种概率。因此，我们还是按部就班注重给宝宝护肤吧，准没错，至少没坏处。

（2）每次涂抹保湿霜都洗脸。

因为每天都需要涂抹很多遍保湿霜，如果每次都洗脸，势必会破坏皮肤屏障。因此，每天洗一遍脸就行，保湿霜却尽量多遍涂抹。

（3）身体乳和保湿霜不能混用。

其实二者完全可以混用。面部肌肤也是身体的一部分，只不过"人要脸树要皮"，大部分面霜单克售价都比身体乳更贵。

· 防晒

防晒不是矫情，是护肤的重要组成部分。晒伤之后，宝宝皮肤会刺痒难忍，这种刺痛感会持续很长一段时间，长时间暴晒还可能会激发孩子脸上的黑色素细胞从而长黑痣。

事实上，当手机上的天气app提示，户外的紫外线指数达到3以上时，带宝宝出门就需要采取防晒措施了。

防晒包括硬防晒和防晒霜。硬防晒就是宽檐渔夫帽、墨镜、防晒衣、防晒袖、防晒霜等。一般来说，6个月以下的宝宝建议使用硬防晒，6个月以上可以采取硬防晒和防晒霜双重防护。我们详细讲一下这块内容。

• 防晒要点

（1）不要使用防晒喷雾，因为有吸入风险，我们还是老老实实涂抹防晒霜。

（2）如果不想涂抹防晒，可以在上午10点之前出门并返回室内，或者4点之后再出门。

（3）减少阳光直射时间也是很重要的一环。哪怕已经做了充分防晒，我们也应该尽量带孩子待在阴凉处，再好的防晒措施都不如不被晒或者少被晒。

（4）不管多大年纪，都可以戴墨镜。紫外线对眼睛的伤害很容易被忽视，美国儿科学会认为6月龄以下不能戴墨镜，个人持保留意见。我建议，阳光毒烈，必须戴墨镜，不分男女老少。而小月龄的宝宝不应该暴晒，也尽量不要一直戴着墨镜。

（5）夏季户外玩水，由于水面的强光折射和反射，皮肤易被紫外线灼伤。因此，带宝宝玩水时，更要注意加强防晒，尽量选择防水性能优秀的防晒产品。

• 防晒霜选购

选择儿童防晒霜时，核心原则是安全性第一，兼顾有效性。我们可以参考以下几个关键要点。

（1）成分

①选择物理性防晒霜。这类产品主要含有氧化锌和二氧化钛，能够通过反射和散射紫外线来达到防晒效果，对皮肤刺激较小，适合儿童娇嫩肌肤。物理性防晒的缺点是涂抹后容易泛白。化学性防晒确实有更优的防晒效果，也容易清洗，然而

却很可能让婴幼儿过敏。但别担心，大多数婴幼儿物理防晒霜，用香皂就可以洗干净，清洗后记得顺便涂上保湿霜。

②避免含有潜在有害成分。确保防晒霜不含对氨基苯甲酸（PABA）或其他可能引起过敏反应的成分。

③如前所述，如果想在阳光下的水中嬉戏较久时间，选择防晒霜时，需要注意是否防水。

（2）关注防晒指数（SPF值）

婴幼儿使用的防晒霜至少应具有SPF15的防护等级，这项指标主要体现防晒霜让肌肤不被晒伤的能力，也是我们给孩子防晒的最终目的。我们无须追求过高的SPF值，因为SPF50以上的产品并不意味着防晒效果成倍增加，反而可能导致皮肤负担加重。

婴幼儿不需要太关注PA值，该指标主要是防护皮肤不被UVA晒黑并让皮肤老化。婴幼儿年龄尚小，距离皮肤衰老还有二三十年的时间，晒黑一点也无伤大雅，甚至显得更健康。

（3）敏感性测试

建议在首次使用新防晒霜之前，在孩子的小块皮肤上做一下敏感性测试。选择手腕部和颈后皮肤做一下皮试，观察15~30分钟就能判断是否会引起不良反应。当然，在选保湿产品时，也可以用这招。

· 防晒霜正确涂抹方式和注意事项

防晒霜涂得不对，会让防晒效果大打折扣。

（1）涂抹15~30分钟后再出门，以便提前在宝宝皮肤上形成物理防晒层。

（2）每次都需要涂抹到位，涂抹时，不要揉搓，建议向一个方向推开。皮肤裸露部位不能留死角。

（3）涂抹的量，可以参考"一元硬币大小够一张脸"，在防晒霜用量上不要过于节俭。

（4）户外活动期间，需要给宝宝间隔 2 小时补涂一次皮肤裸露部位。

·皮肤问题

· 口水疹

口水里不只有水，还有唾液淀粉酶和尿素等物质。口水晾干了闻起来有股臭味，就是因为口水干了里面的尿素被浓缩了。而唾液淀粉酶，是一种消化酶，也会让皮肤屏障的损害进一步加重。本质上，口水疹就是一种外界刺激和人为损伤混合原因导致的口周皮炎。我们可以这样护理。

（1）发现口水时，不要用口水巾擦拭，否则会把已经被淀粉酶和水分泡过的表皮层擦破，受损面积增大，受损程度加重。我们应该用一个婴儿柔纸巾沾干，利用柔纸巾的柔和吸水性，让表皮层更大程度地保持完整。

（2）时不时地给孩子涂抹保湿面霜，或者不含激素的口周护理膏。如果怕吃进去太多面霜对孩子不利，可以趁孩子睡醒之前和睡着之后厚涂几遍。

（3）如果口水疹比较严重了，我们可以涂抹 3~5 天弱效激素（丁酸氢化可的松），早晚各薄涂一遍。激素药膏其实是很安全的，但要注意口水疹已经破皮化脓时，不能使用。在渗水和流脓时，应先用碘伏消毒，保持干燥清洁，并等待结痂。

一般来说，宝宝 3 周岁之后，由于出牙完毕，度过了口欲期，口水疹也基本上不再复发。

・湿疹

在医师定期考核的儿科学真题题库里，有一道题是"湿疹最主要的发病原因是什么"。错误选项是过敏因素，正确选项是皮肤屏障发育不完善。

湿疹最重要的原因是宝宝的皮肤发育尚不成熟，表皮层菲薄，缺少必备的保湿性能。其次，环境因素也会加重湿疹，比如秋冬季更容易湿疹发作，这是由于空气过于干燥，超过了本来就很弱的皮肤锁水能力。再次，继发牛奶蛋白过敏和食物过敏，也会加重湿疹，有时甚至呈现暴发状态。最后，如果父母有过敏性鼻炎、荨麻疹或者哮喘，宝宝也容易出现湿疹。

下面我们分享一下，关于常见的轻中度湿疹的系列问题。

（1）湿疹是不是不能太热

答案是肯定的，凉爽是对皮肤最基本的尊重。毋庸置疑，太热对各种皮肤问题都有影响。在湿疹方面，已经受损的表皮层会更易受损。

（2）得了湿疹为何还要保湿

很多家长会道听途说，称自己的孩子得了"干性湿疹"。实际上，湿疹的名称里，虽然有个"湿"字，其实是因为皮肤太干了。因此，已多次强调，我们需要每日不厌其烦地涂抹保湿霜。在好发或者已经有湿疹的部位，要涂抹硬币厚度的一层保湿霜，至少要达到5遍甚至10遍，保湿霜盖住并且略超过湿疹区域，轻柔地揉一揉促进保湿霜吸收。

我们其实有一个比较好的评价指标，来判断湿疹宝宝的家长是否偷懒了，即一周是否使用了超过200g的保湿霜。你可以反思一下自己,或者掂量一下剩下的保湿霜,看看达不达标。

(3)中度湿疹怎么办

中度湿疹的表现形式是皮肤脱皮较重,泛红明显,摸上去很粗糙。也许已经充分保湿了,这种湿疹仍然好不了,这是由于保湿霜已经不能逆转皮肤受损区域的受损程度了。

中度湿疹要用到弱效激素药膏:丁酸氢化可的松。正确地使用这种激素药膏的细节需要认真掌握。

①选择弱效激素,不建议用中效激素甚至强效激素。

②不要选择任何声称零激素、无添加、纯植物等的湿疹膏。野路子药膏一般暗含强效激素,这类成分会增加库欣面容的概率(满月脸、皮肤红血丝)。

③正确且规范地使用弱效激素,几乎没有副作用。

④每次涂抹时,需要使用一个周期,也就是 5 天。早晚各涂抹一次,一共 10 次。

⑤在出现中度湿疹的区域抹上薄薄的药膏,不要稀释,稍微揉一揉让药膏吸收。类似于给湿疹区域盖了一层保鲜膜。

⑥仍然在湿疹区域继续加强保湿,每天涂抹保湿霜接近 10 次。只不过,在早晚涂抹保湿霜时,需要在药膏涂抹后 0.5—1 小时后再涂保湿霜,让药膏先吸收一段时间,再保湿。

⑦弱效激素药膏使用一个周期最多是 7 天,一般是 5 天。尽管反弹概率并不大,但若真的停药后短时间反弹,一般 7 天内不再使用第二个周期。这种时候仍然使用保湿霜来度过。这样做的目的是最大程度减少药物的不良反应。

⑧弱效激素没有用足周期,或者用用停停不按规律,会使湿疹程度进一步加重,或者会经常反弹。

⑨已经破溃或者化脓的伤口,不能使用任何药膏,建议

及时就诊。这种情况就是前面提到的重度湿疹，需要求助专业人员。

其实，哪怕宝宝经常出现中度湿疹，在掌握上述技巧之后，也不必再担心，但也提醒我们日常护肤更加不能掉以轻心。

（4）湿疹是否需要忌口

答案是否定的。不论指的是母乳喂养的母亲，还是已经加辅食的宝宝，都不应该忌口。母乳喂养的妈妈，之前能吃的食物都可以吃，宝宝做好饮食日记，警惕湿疹大暴发即可。哪怕某种食物过敏导致了湿疹大暴发，我们也不要轻易地给孩子停辅食，只需要把过敏的食物停掉即可，其他之前已排敏的食物照常吃。

（5）宝宝湿疹能洗澡吗

可以洗澡。只是需要特别注意洗澡章节中提到的水温、每次洗澡时间以及迅速涂抹保湿霜等细节。

（6）湿疹能打疫苗吗

这个问题在打疫苗章节已探讨过。湿疹本身不是预防接种的禁忌证。其实，只有宝宝之前接种某种疫苗出现了疫苗接种导致的大面积皮疹情况，我们才应警惕后续该类疫苗。也就是说哪怕对某一种疫苗过敏，其他类疫苗也应照打不误。

（7）什么时候湿疹才能好转

随着宝宝的皮肤屏障逐步建立完善，免疫状态越来越稳定，对过敏物质越来越耐受，大部分孩子在3周岁左右就不会有大面积且严重的湿疹了。

总之，勤勤恳恳地给孩子涂抹保湿霜，能较大概率避免湿疹加重，记录饮食日记能协助迅速找到过敏食物引起的湿疹，不乱用不合格湿疹膏能避开湿疹治疗过程中的坑，规范使用弱效激素能够防止湿疹快速反弹。

・荨麻疹

荨麻疹往往发生于6月龄添加辅食之后,是食物过敏的皮肤表现形式之一。我们在这里主要探讨的是轻度的荨麻疹和急性荨麻疹。当宝宝有上一节提到的严重食物过敏症状时,需要及时就医。宝宝如果考虑有慢性荨麻疹时,也需要就诊。

(1)急性荨麻疹处理

6月龄以下宝宝出现急性荨麻疹,建议立即就诊。6月龄以上的宝宝,可以立即口服西替利嗪滴剂5滴;在荨麻疹部位外涂炉甘石洗剂,但要避开眼睛、嘴巴,也尽量避开生殖器。炉甘石可以一日使用3次,随用随停。为防止急性过敏反应反弹,个人建议西替利嗪滴剂至少要口服3天。

(2)寻找过敏原

很多家长都问我荨麻疹怎么办,但需要知道:不要再次接触过敏原是避免荨麻疹复发的最重要的环节,而脱离过敏原才是处理荨麻疹的第一步。我们可以按照以下思路找到过敏原。

①食物

过敏原有时候非常狡猾,曾经碰到一个病例,宝宝对鸡蛋过敏,由于家里人炒鸡蛋的味道诱发了孩子过敏。因此,需要仔细回想发生荨麻疹之前,最近48小时尤其是上一顿饭吃的什么,事无巨细。别漏掉调味料、宝宝吃的零食、哺乳期妈妈吃的零食。

②药物和营养补充剂

药物自不必多言,经常漏掉的是营养补充剂方面。入口的东西都有可能诱发食物过敏。

③环境因素

常见的是尘螨、动物的皮屑、紫外线、冷和热源、摩擦以及护肤品等。曾经见过有个面部荨麻疹的宝宝,是对妈妈的护发精油过敏。

④病原微生物

包括病毒、细菌、支原体、衣原体等,也包括一些小虫子。其中发生在虫子叮咬之后的,我们称为丘疹性荨麻疹,也叫虫咬性皮炎。

试想一下,有一天上午烈日炎炎,有过敏性鼻炎的小两口,带着10个月的宝贝儿子出门去外婆家。也许因为车程较长或者匆忙,他们出门前没有给孩子抹防晒霜。注重安全的爸爸将宝宝放在了安全座椅上,怕乡下路途颠簸,他把儿子绑得比平日更紧了一些。妈妈在路上除了给宝宝喂奶,还给宝宝吃了一点鳕鱼肠。外公外婆特别热情,养的一条金毛犬也对宝宝很感兴趣,凑上来打招呼。由于快一年没回农村了,小两口再次坐上有黑色小虫子尸体的土炕,还真有点不太习惯。外公不失时机地打开了难得开一次的空调。大家聊了家常,话题围绕孩子上周那次小感冒,还有绕不开的过敏。这时候,孩子突然皮肤起风团,小的风团像是皮肤平原上的一个个小山丘。外婆特别着急,拿出了她给孩子准备的礼物,一款宝宝没用过的保湿霜,迅速大面积地给宝宝抹了起来。可想而知,宝宝的荨麻疹涂抹保湿霜后加重了,开始出现呼吸急促,眼睛也开始肿了,鼻涕眼泪一大把。四大一小赶紧去了镇医院。皮肤科医生做了紧急处理,孩子转危为安。皮肤科医生已近退休年龄,饶是经验丰富如她,在询问了今天从早晨到中午发生的一切之后,也在夏天冒出了冷汗。

如果上面这个小故事你能看懂,荨麻疹的知识基本上也就掌握了。我们揭晓答案:家族过敏史、紫外线、未清洁的安全座椅缝隙灰尘、过紧的绑带挤勒、颠簸路途中绑带的摩擦、鳕鱼肠、金毛犬的皮屑、土炕的灰尘和尘螨、小虫子、空调滤网的灰尘、上周感冒的病毒、未使用过的保湿霜。这些都是过敏的原因。我们可以看到，找过敏原不那么容易。

（3）急性荨麻疹用药

急性荨麻疹的药物治疗，建议如下。

①避开眼睛、嘴巴和生殖器的部位，均可以涂抹炉甘石洗剂，一日3次。在身体能接触到的部位涂抹时，建议给宝宝双手套上反穿的袜子。

②口服西替利嗪滴剂5~7天。我们发现，口服足够疗程的西替利嗪，可以防止过敏反应反弹。因为过敏原在体内代谢需要5~7天，太早停药可能会让荨麻疹退而复现。不要担心，药物非常安全。

③再次强调，若出现严重过敏症状，需要紧急就医。

· 新生儿痤疮

新生儿痤疮的发病率约20%，五个宝宝中有一个，男女宝宝都可能会发生痤疮，男宝宝比女宝宝略多。

（1）新生儿痤疮的病因

目前，对新生儿痤疮的发病原因有争议。大部分人认为该病缘于孕母体内的雄激素水平的后遗皮肤效应，妈妈在孕期的雄激素会通过胎盘脐带传递给胎儿，当时并没有皮肤表现。少部分人认为该现象和马拉色菌（一种真菌）感染有关。

（2）新生儿痤疮的表现

宝宝在出生后第2~4周，头面部、前胸和后背皮肤上散在的小红疙瘩，有的带白尖儿，有的只发红。

（3）鉴别点

给宝宝少穿衣服并降低环境温度后，小痘痘们并不消失，这一点可以和热疹鉴别。与湿疹的鉴别要点是发病时间，湿疹一般出现于宝宝接近或者超过1个月时，痤疮则会更早出现，湿疹的小疙瘩是成片的，痤疮是散在的。

（4）新生儿痤疮的处理

痤疮是可以不用药物的。若小白点比较明显，实在担心的话，可以使用5天抗生素软膏，每日早晚各一次涂抹白点处。抗生素软膏包括莫匹罗星软膏、夫西地酸乳膏、红霉素软膏或者金霉素软膏等，选任何一款都行，不要混着涂。有的宝宝白点会消失，留下基底红色的小痘痘，这种痤疮就属于马拉色菌感染引起的。在涂抹抗生素软膏5天后，小白点没有任何变化，也应该停药了。这种白点不消失的宝宝，就属于激素水平影响的那种，和马拉色菌感染无关。其实，就算是有白点，不用药物也会自愈。

由于来自母亲的雄激素代谢完毕了，大部分痤疮在接近3月龄时会突然消失，几乎百分之百不留任何痘痕和痘印，除非你乱用了药物或者用针挑过。与婴儿痤疮和青春期痤疮不同，痘去无痕真的很赞。我们几乎可以说，新生儿痤疮是一种生理现象。

请记住一点，很多婴幼儿问题，不治疗就是最好的治疗。除了宝宝感冒，在新生儿痤疮这种问题上，似乎也能得到印证。

· 热疹

我经常说，一位在西伯利亚地区专门看热疹的医生，在执业5年没有接到哪怕一例患者后，终于想通了选择改行看冻伤，因为寒冷的环境让他的技能无用武之地。

热疹又叫痱子，或者汗疱疹。热疹的宝宝多了一样东西——厚衣服，也缺一样东西——空调。有一种冷是妈妈或者奶奶或者姥姥觉得你冷，实际上，孩子都是怕热不怕冷的，皮肤汗腺尚未发育完善，加上环境温度升高，加上衣服过厚不透气，就产生了热疹。我们也可以发现，夏天是热疹的高发季节。你问我宝宝热疹何时才能好，我会轻轻地告诉你：大约在冬季。

痱子需要早点处理，不然它们会日久生情、山盟海誓，最后天长地久一起到"白头"。这是一种特殊类型的热疹：脓痱。脓痱的特征是，在热疹的基础上合并了细菌感染，有一些小白头。这是由于红色的痱子，也就是最初的热疹形态，干预不及时，导致疹子持续存在，细菌侵入皮下汗腺组织合并了细菌感染。我们需要用抗生素软膏点涂脓痱，一日3次；同时需要继续保持室内充分干燥和凉爽。

实际上每个孩子的最适温度不可能一样，我们通常以"后脖根温热，手脚略温热，以及手心脚心无汗液"为标准，来找到自己家娃的最适宜温度。初始温度可以将室温设置为20~22℃，孩子穿一件薄款长袖的、类似于纱布浴巾厚度的纯棉衣服即可，睡着了就盖一个浴巾厚度的毯子。对了，湿度有时候也很重要，我们将家庭环境湿度控制在50%~60%之间，对皮肤、黏膜和呼吸道都最友好。

· 间擦疹

"间擦疹"这个医学名词，指的是在某些容易摩擦的部位之间出现的疹子。让我们提炼一下关键字，并组一个词，那就是间擦疹。

间擦疹常常存在于脖根、腋窝、腹股沟和腘窝处，形态上是一条或者几条刀割样的线形伤口。伤口线条内会渗出一些黄水（组织液）甚至血液，更严重的会出现脓液。间擦疹的护理方式其实很简单，有这么几个方面。

（1）家庭环境温度不要太高，出现间擦疹就是环境温度仍太高的证明。可以大胆地降低温度，每次下降2℃。当然最好在一开始就把握好自己家娃的最适温度。

（2）间擦疹在衣服穿得过多、不透气或者过紧时更容易出现。因此我们需要给宝宝穿更舒适和宽松轻薄的衣服。

（3）洗澡的时候，需要仔细清洗皮肤皱褶部位，不留死角。

（4）出现较为严重的间擦疹，需要注意保持局部的干爽清洁，不建议用除碘伏以外的任何东西。爽身粉有吸入气道的风险，目前也越来越不推荐了。

（5）暂时不要抹抚触油和护肤品，记住这是暂时的。也就是等间擦疹好了，还是得继续护肤。

总之，间擦疹的处理原则，就是充分清凉干燥和清洁。清凉干燥就是暂时不保湿并保持皮肤凉爽状态，清洁就是把残存的皮肤脱落组织用碘伏擦掉。

· 尿布疹和肛周脓肿

尿布疹，俗称红屁股。如果持续存在或加重，可能会出现肛周脓肿，也就是炎症从表皮深入到了皮下疏松结缔组织。

当然，某些宝宝有母乳性腹泻和免疫功能缺陷，他们出现肛周脓肿的概率会大一些。但这些宝宝毕竟还是少数派，对大多数宝宝来说，为了不出现尿布疹，更不要进展到肛周脓肿那一步，我们需要掌握肛周护理技巧。

（1）优秀的护臀油

很多医学专业人员和老百姓都容易陷入极端。对于普通老百姓来说,走的一个极端是不相信任何科学育儿知识;对于医学专业人员来说,也常走另一个极端,那就是拒绝接受任何传统办法。

芝麻油炸花椒的护臀油,是我认为最好的护臀解决方案。个人认为优于市面上的任何带"膏、粉、油、霜"的护臀产品,当然包括被吹捧的鞣酸软膏和氧化锌。我的粉丝朋友基本知道了,这一招咱们再分享一下给大家。

①冷锅中倒入约200ml芝麻油。

②将芝麻油加热至70℃左右关火。

③关火的即刻,在油里撒入一小把花椒,晃动油锅避免花椒炸煳。

④用漏勺过滤出炸过的花椒和花椒梗并丢弃。

⑤静置一段时间后,将锅内的油倒入厚玻璃瓶中,大功告成。

用玻璃瓶中的芝麻油作为护臀油,无任何毒副作用,而且每次换完尿布都有香油味。

(2)日常肛周护理技巧

如果宝宝没有红屁股,我们可以按照下列步骤换尿布和护理。

①在宝宝大便之后,我们需要清洗一下屁股,洗的时候注意动作一定要轻柔,可以用流动水缓慢冲洗。让宝宝仰面朝天水流自肚皮方向到肛门方向自上而下。较黏的大便需要轻柔搓洗,而且一定要先洗生殖器的部位,再洗肛周。肛门皱襞的粑粑也要仔细清理干净。该步骤重点在于轻柔且彻底。

②洗完擦的时候也尽量轻柔,最好使用棉柔巾沾干。当然,使用婴儿柔纸巾能够最大程度避免擦破表皮,尤其是对于经常

红屁屁的宝宝更加推荐。该步骤重点在于沾干。

③随后使用一个硬纸片或者用手掌轻轻扇一扇仍然有点湿湿的屁屁。讲究一点的可以用吹风机：夏天开冷风档，冬天开恒温档。该步骤的重点是充分干燥。

④给肛门周围涂上上文提到的备好的芝麻油，可以使用医用棉签涂抹，保证每根棉签只用一次。

⑤穿上尿不湿。

（3）尿布疹宝宝肛周护理

尿布疹肛周护理步骤，与日常肛周护理步骤略有不同：

①②③步略过。

④碘伏棉签消毒出现尿布疹的部位，每次大便之后均需要在前3步后进行消毒操作。消毒也是使用医用棉签，每根棉签只能用一遍。

⑤不再穿尿不湿，改用隔尿垫，平铺于宝宝的床面上。让宝宝躺在隔尿垫上再次大小便。

⑥每次宝宝大小便都需要重复第1—5步。

经过上述操作之后，宝宝的尿布疹会在2～3天内好转。该方法非常适合乳糖不耐受和病毒感染性腹泻的宝宝。

最后需要告诉大家，尽管有时候我们已经护理得很到位了，宝宝仍然可能发生肛周脓肿，也就是肛门皱襞旁边出现米粒大小甚至鸽子蛋大小的硬疙瘩，这时候需要去医院处理，不能耽误。

· 白色糠疹

白色糠疹，还有其他一些名字：单纯糠疹、虫斑、桃花癣。个人感觉还是白色糠疹这个名字更好，因为能体现皮疹的颜色：白色，皮疹的特征：掉碎小鳞屑像脱落的面包糠。

白色糠疹作为一种获得性皮肤色素缺失疾病，尽管确切病因尚未明确，但在湿疹宝宝中尤为普遍。该病通常无须特别治疗，只须关注日常护理措施即可。这种自愈的疾病病程长度各异，从几个月至几年不等，平均恢复时间为12至24个月。有研究统计大约90%的宝宝会在1年内自愈，因此我们的重点在于常规护理。

（1）选用对肌肤亲和、pH值接近6的专业儿童沐浴产品，尽量避免使用碱性强的肥皂清洁皮肤，每日清洁次数不宜超过一次，以防止过度清洁导致皮肤屏障受损。

（2）强调每日至少两次的保湿润肤程序，视皮肤干燥程度可适当增加润肤次数。选择的保湿霜配方更加简单，个人更建议选择凡士林或者维生素E乳，代替平日使用的保湿产品。

（3）在户外活动时，要注意防晒保护。这是由于紫外线会晒黑周围正常皮肤，从而加剧白斑与正常肤色之间的对比差异。

17

衣食住行日用品

由于我有担任婴幼儿食品和用品审核员的经验,本章就详细地跟大家分享一下关于宝宝食品和日用品选购事宜。因为对婴幼儿来说,有很多特定的必需用品,也有很多不必要购买的东西。此外,本章还会给大家一些居住和旅行方面的建议。

·衣服和配饰

·衣服

我们应该给3岁以下的宝宝选择A类面料的衣服,即达到《国家纺织品基本安全技术规范》(GB18401-2010)要求。还应根据以下几个方面选购衣服。

(1)材质

材质柔软舒适,优先选择纯棉或竹纤维材质。它们对婴幼儿敏感皮肤更为友好,透气性好,吸湿性强,能减少皮肤刺激和过敏反应。

(2)安全性

①避免带有小部件、细小装饰品如亮片、珠子、铆钉等,这些物品可能被孩子拽下并吞咽,造成窒息危险。

②检查所有缝合处是否平整,尤其是金属附件如拉链、纽扣等是否有尖锐边缘或松动部分,确保不会有划伤皮肤的风险。

③检查衣物上的绳带,确保长度适中,避免造成勒颈或其他安全隐患,或者干脆不选带绳子的衣服。

④松紧带避免过于紧绷,防止对婴幼儿的胸腹部产生压迫。

(3)尺寸和款式

①婴幼儿生长发育迅速,因此衣服应稍大一号,留出足够的空间让他们活动自如。大一号的衣服也要把下一季节考虑进去,比如秋天应该买厚一点的以备过冬。

②领口、袖口、裤腰等部位要松紧适中,便于穿脱且不影响血液循环。

③卫衣可以选择抓绒的拉链款式代替套头款。如果他们会在每次穿套头卫衣时哭闹，那说明这种卫衣款式可能不适合你的宝宝。由于套头的那一刹那，会让他看不见东西，增加了不安全感。

④一岁半左右的孩子，就已经有比较明显的自我意识了，我们要遵循孩子的个人喜好，这些喜好包括衣服的颜色、图案和款式。

（4）标签处理

所有贴身衣物的标签均应剪除，或放在衣物外侧面而不是贴身，避免直接接触皮肤造成摩擦和不适。

（5）颜色与印染

尽量选择无刺激性的染料染制的衣物，尤其是新生儿衣物，优选浅色或无印染的纯色衣物，以减少化学物质对孩子娇嫩皮肤的影响。

（6）洗涤

新购买的宝宝衣物，在穿用前要彻底清洗，至少清水过一遍并晾晒。

· 配饰

除了衣服，宝宝需要一些配饰，我们分享一下选购技巧。

（1）口水巾

口水巾一定要是纯棉或其他柔软材质。你会发现绕颈一圈的口水巾确实不容易掉在地上，但也增加了口水疹、颈部间擦疹的发病率，因为触手可及的口水巾会让我们不再习惯用婴儿柔纸巾。绕一圈也有增加挤压气管的微小概率，不是很建议用，我们可以用宽松的围兜代替。

（2）袜子

婴幼儿的袜子需要 A 类面料的纯棉材质，不要买太紧的袜子。有些能够在地板或地板砖上走路的地板袜或者鞋袜，底部带有一些起防滑作用的胶粒，还是很实用的，缺点是不透气容易让脚变臭，记得经常给孩子换洗。

（3）帽子

婴幼儿的帽子不要有勒脖子的绳子。

（4）手套

如果选购的婴幼儿的手套有绑住左右手的绳子，也要警惕不要缠绕挤压气管。

（5）毛绒玩具

毛绒玩具利于孩子的性格培养，没有生命的娃娃在婴幼儿的眼睛里变得鲜活起来，成为他们过家家的客人。每个宝宝都有自己喜欢的一种动物和颜色。我们可以按照孩子喜好购买。对于易过敏的孩子，不宜选择毛很长的娃娃或小动物，可以买面料是绒布的玩具。不要将毛绒玩具放在孩子的头侧，尤其是对婴幼儿来说，有一定引起窒息的风险。

·食品

食品方面，主要包括婴幼儿配方食品、奶和奶制品、辅食和零食四个方面。

·婴幼儿配方食品

婴幼儿配方食品，也就是配方奶，区别于其他奶和奶制品。我们选购的重点是一定要对品牌有信心，不要随便更换奶粉品牌和系列，其他注意事项前面已经讲过，可以翻看一下。

· 奶和奶制品

奶和奶制品包括纯牛奶、鲜牛奶、奶酪等。

（1）纯牛奶和鲜牛奶

前面已经提过，只要满1周岁其实就可以用牛奶代替配方奶。牛奶选购注意要点如下。

配料表和添加剂。优先选择配料表简单的牛奶，仅包含"生牛乳"或"灭菌乳"的产品是最纯粹的牛奶。对于乳糖不耐受的人群，可以选择添加了乳糖酶的舒化奶。避免购买含有大量添加剂（如人工奶油、稳定剂、香精等）的牛奶。特别是对于婴幼儿，应选择无添加剂的牛奶。

营养成分表。关注蛋白质和钙含量，优质的牛奶蛋白质含量通常在每100毫升3.0—4.0克之间，钙含量约为100毫克。根据宝宝具体情况选择全脂牛奶或脱脂牛奶。全脂牛奶保留了牛奶中的脂溶性维生素A、维生素D、维生素E、维生素K等，更适合大部分健康人群，尤其是婴幼儿。而对于需要控制脂肪摄入的肥胖儿童，建议选择脱脂牛奶或者半脂牛奶。

灭菌方式和保质期。巴氏杀菌乳（又称低温奶或鲜牛奶）采用较低温度杀菌，营养保留较为完整，口感较好，但保质期较短，通常为几天到一周，需要冷藏保存。高温灭菌奶可在常温下储存，也就是大家看到的保质期19天以上的奶，确实高温灭菌可能导致部分热敏感营养素的损失，但影响其实不大。高温灭菌奶便于储存，但口感不如鲜牛奶。有的牛奶保质期长达几个月，并不是添加了防腐剂，这是来自充分的灭菌和灌装及储存技术，放心吧。避免被各种名称引入歧途，比如益生菌奶、儿童奶、早餐奶等。其实，我们只要学会看基本配料表和营养成分表，就很容易分出是李逵还是李鬼。

（2）酸奶

首先，个人非常不建议自制酸奶。一是没必要这么麻烦，二是真的不安全，尤其是夏季。

第二，不要选择乳酸菌饮料。其实，市场上的盒装或者杯装酸奶已经很好了，选择当地商超大品牌的即可，学会看营养成分表就不会买错，大部分冷藏保存的酸奶保质期都是21天。

理论和现实有一定差距，理论上6个月以上就可以喝无糖酸奶，但我们大部分家庭不会给孩子喝，而1岁以上理论上也应该喝无糖酸奶，但大部分家庭的孩子不愿意喝。不愿意喝，再健康也没有用。哪怕有一点点糖的酸奶，也还算健康，糖摄入量方面，每日100~200ml酸奶不算太超标，只需要记住喝完酸奶要漱口或者喝一小口水。

（3）奶酪等其他奶制品

个人其实不建议3岁以下孩子吃奶酪。这是由于奶酪棒在边走边吃时，类似于果冻，有误吸入气管的风险。其次，奶酪是奶的浓缩，考验宝宝的胃肠道成熟度。诸如干奶酪和奶片等，也类似于奶酪，比较考验宝宝的咀嚼能力、消化能力和吸收能力。

不过，这也不是绝对的，孩子实在要吃这类奶制品，吃了一点没有不适感，少吃一些未尝不可。还需要记住安全第一，宝宝需要在餐椅上享用这些容易呛入气管的软和硬的奶制品。

· 宝宝辅食

宝宝辅食包括谷物类、肉类、蔬果类等。

（1）米粉

米粉是第一种添加的辅食。选择一款宝宝不过敏的大品牌婴儿米粉即可。因为市售婴幼儿米粉,都不再是"绿皮车",它们都是"高铁"。还有,为了锻炼咀嚼功能,大约在8月龄,需要停掉米粉逐步改为半固体的食物了。也就是说,米粉只吃两三个月。

(2)婴儿面条

我们大人吃的面条,加入了较多的钠元素增加口味;大人吃的面条里混入的鸡蛋,也可能给没有加鸡蛋辅食的宝宝带来食物过敏的风险。因此,婴儿面条反而不是智商税。

我们给孩子引入面类辅食时,尽量先选择婴儿面条,婴儿面条无钠、形状各异(星星状、蝴蝶状等),而且有的婴儿面条里面还加入了蔬菜粉。

当然,如果宝宝月龄已经较大了,我们完全可以自己动手给孩子做手工面,里面也可以加入鸡蛋和蔬菜,宝宝不爱吃菜就将蔬菜打成泥和面。

(3)蔬果

指蔬菜和水果。

蔬菜泥:如南瓜泥、胡萝卜泥、菠菜泥等,有助于提供维生素和矿物质。当然,除了买现成的,我们也可以自己给孩子蒸蔬菜并捣成泥。

水果泥:如苹果泥、香蕉泥、梨泥等,既能提供丰富的维生素C和膳食纤维,又能培养宝宝对不同口味的接受能力。出门旅行,特别适合带几袋水果泥。

(4)肉类

肉泥:猪肉泥、鸡肉泥、牛肉泥等,为宝宝提供高质量的蛋白质和必需氨基酸。

鱼泥、虾泥:如鳕鱼泥、三文鱼泥等富含优质蛋白质和

Omega-3脂肪酸，对宝宝大脑发育有益。

即食肉末或鱼肉块：部分产品经过处理可以直接食用，或简单加热后食用。购买罐头类食品，一定要看一下营养成分表里的钠含量，越低越好。

肝粉：肝粉的动物来源不重要，重要的是需要保证配料表足够简单，营养成分表应标明铁、维生素A等重要营养素的含量，以确保满足婴幼儿生长发育的需求。小包装的肝粉更被推荐，这是由于一般推荐婴幼儿每周吃1~2次的动物肝脏，补铁也要避免维生素A中毒。小包装更便于储存。

· **宝宝零食**

婴幼儿不适合吃超市中的绝大部分零食，比如薯片、虾片等油炸食品，果干、蜜饯等高糖食品，干果类容易呛咳类食品。很简单，时刻想着孩子的肝、肾未发育完善，肝脏帮助代谢糖类和油脂，肾脏帮助代谢盐分。所以高糖、高脂、高盐统统不适合孩子，没有科技和"狠活"的食品大多不好吃，也确实只有不好吃的零食才能给孩子吃，毕竟科学层面上我们想让孩子吃得健康和安全。

其实前面提到的酸奶、果泥等已经算是宝宝零食了，其他我能想到的零食还包括下列类目。

（1）谷物类零食

无添加糖或盐的婴儿磨牙饼干，用于锻炼宝宝的手眼协调、精细运动和咀嚼能力。

稍微烘烤或蒸煮的粗粮，如小米饼、全麦小馒头等。最好也是无添加糖和盐的。

适合婴幼儿的营养谷物棒、谷物圈或饼干等，以纯米、糙米或者面粉为基础,添加适量营养元素,重点关注是否添加DHA、铁和钙元素。

(2)自制零食

自制的无糖蒸蛋糕、小馒头或低糖烘焙食品,使用天然食材,不添加防腐剂和人造色素。

烤红薯和南瓜或者蒸红薯和南瓜,这些天然食材制作的小零食是非常理想的选择。

(3)豆干类零食

重点关注是否钠含量超标,建议选购营养成分表钠含量在1000mg以下的。

(4)海产品类零食

海苔:富含碘、钙、铁等矿物质,是较好的零食选择,但要注意选择无添加盐分或糖分的产品,避免过咸。不建议购买带有芝麻的海苔,避免呛到孩子。

鳕鱼肠:需要调查配料表,看清楚是否含鳕鱼。实际上,鳕鱼肠价格不菲,市面上卖的鳕鱼肠,很多都没有多少鳕鱼,甚至很多便宜的鳕鱼肠里面可能都没有鳕鱼。

最后,理论上不应该让婴幼儿吃任何的含糖饮料和糖果。有时,某些营养补充剂里含有较少的糖,问题不大,但额外的糖果需要控制好摄入量。如果真的为了解馋,选棉花糖比棒棒糖更安全。吃完糖,记得让宝宝喝一小口水,保持口腔内环境无糖,也就最大程度避免了龋齿。

·居住环境

婴幼儿的家庭居住环境还是有很大讲究的,新搬迁的房子、新购置的家具、新买的没洗过的床单,统统不适合孩子。

事实上，除了健康和安全要素，宝宝的居住环境还对心理发展以及生活习惯的养成具有重要影响。以下是一些关于宝宝居住环境的注意要点。

（1）卫生与整洁

①居室应保持干净整洁，定期打扫卫生，消除尘螨、细菌等可能影响宝宝健康的微生物。特别需要注意空调滤网等死角的打扫。

②家具表面无尘，地面清洁，避免杂物堆积，以减少宝宝接触过敏原和潜在危险物品的机会。

③定期清洗和消毒宝宝的玩具、寝具和衣物，确保使用物品的卫生状况。

（2）空气清新与通风

①房间应保持良好的通风，每天定时开窗换气2~3次，每次15分钟，特别是在春秋季节和夏季，以引入新鲜空气。当然，雾霾天气或者打开手机app看一下户外空气质量，空气污染指数高的时候不能开窗，以降低室内污染物浓度。

②避免穿堂风直吹宝宝，可调整窗帘、床位或使用挡风帘等方式，确保空气流通而不影响宝宝舒适度。如果更加细心，我们可以在通风时，将宝宝暂时抱到另一个房间。

（3）适宜的温度与湿度

①室内温度维持在20～22℃，既不过热也不过冷，以确保宝宝舒适并预防因温度不适引起的疾病。

②监控湿度，保持在适宜范围内（通常建议50%～60%），防止过于干燥导致呼吸道不适或湿度过高引起霉菌滋生。

③为了达到合适的温度和湿度，我们需要一个室内温度湿度计，还应该像不排斥暖气一样接受空调。空调不要对着孩

子吹,可以用空调遮风板改变风向。在带孩子出门之前或者刚从外面进门时,尽量能够在一个不开空调的房间作为过渡区域待15—20分钟,让孩子逐渐适应温度的变化。

(4)光线与采光

①房间应有充足的自然采光,朝南的房间有助于获取更多阳光,有益于宝宝的视力发育和维生素D合成。

②安装遮光窗帘或百叶窗,以便调节室内光线强度,防止强光直射刺激宝宝眼睛。

③主照明建议选用光线柔和的吸顶灯。夜间使用柔和的夜灯或床头灯,避免强光干扰宝宝睡眠。需要明确指出,小夜灯是为了给孩子喂奶、换尿布方便,在哄睡的时候不能开着夜灯。

(5)噪声控制

①在宝宝准备休息时,避免大声喧哗和音源音量过大。

②同时,我们也要避免居住环境过于安静,因为这样不利于孩子"练胆子"。过于安静的家庭,会让孩子睡眠时一有动静就醒来,显得胆子小。换句话说,把宝宝当作大人看待,至少拿东西、走路和交谈时没必要调低音量。

(6)环保材料与装修

①使用环保、无毒、低甲醛的装修材料和家具,如E0级实木颗粒板、水性涂料等,确保室内空气质量。

②装修后充分通风散味,必要时可进行专业空气检测,确认达标后再让宝宝入住。个人建议新装修的房间至少通风半年。

③环保方面,家具是污染重灾区,一定要打开各个抽屉充分通风散味道。如果可以接受的话,我非常推荐选择可靠的

二手平台购买婴儿及婴儿房间使用的旧家具。

（7）空间布局与功能分区

①根据宝宝的成长阶段规划活动区、睡眠区、学习区等功能区域，保持空间宽敞，避免拥挤。

②储物收纳系统设计合理，便于存放和整理宝宝的衣物、玩具等物品，培养良好生活习惯。

（8）文化氛围与个性化装饰

①动物或者数字挂件可以激发宝宝好奇心和创造力，促进视觉及认知发展。科学家或艺术家的肖像画以及艺术画片可以增加房间的艺术气息，需要选择环保材料，最好选择铝合金材质相框。

②根据宝宝兴趣布置主题墙、设置图书角等，营造积极、温馨且富有启发性的成长环境。每个宝宝都有自己喜欢的颜色，可以的话，较大的婴幼儿可以自己选择房间的乳胶漆色系和色调。

总之，我们要为宝宝营造一个健康、安全、舒适且富有教育意义的居住环境，需要从卫生、空气、温湿度、光线、噪声控制、环保装修、空间布局、照明设计以及文化氛围等多个角度综合考虑并精心布置。

·旅行物品

我们基本可以将旅行分为短途旅行和长途旅行。比如带孩子去打疫苗、体检，办完正事顺便在附近吃个饭之类的，就算是短途旅行。需要去别的地方住一晚或者更长时间，就算是长途旅行。

旅途也是安全第一，时刻都要保证孩子不受伤害。看管好自己的随身物品和孩子是最基本的旅途知识。家长有操不完的心，出门在外会让这种操心加倍。

・短途旅行

首先，带孩子出门需要一个工具，除非去的地方就在家门口，不然我们还是需要一个提篮或者背带，稍微大一点就需要一辆婴儿车。提篮比较鸡肋，我是不推荐的。

（1）背带

背带可以解放妈妈的双手，还可以锻炼身体，同时能纠正弯腰的不良身姿，是短途旅行和居家工作的不二之选。下面是选购注意事项。

宝宝三个月以上甚至更早些时候，发现孩子抬头很稳定了，头不会晃来晃去了，就可以用背带。

不要购买腰凳，也就是那种像背着一个椅子一样，让孩子坐在上面的腰凳。背带和腰凳很好分辨，背带只有带子。它们的区别点是背带利于髋关节发育，而腰凳会增加脊柱负担，咱们都知道6个月之前宝宝的脊柱没发育完善，腰凳会让本没有发育完善的脊柱承受太多的压力，因此不建议6个月以下的宝宝使用。

选背带时，需要买一个质量好一点的，毕竟带子断了还是比较危险。

托住孩子屁股的带子需要足够宽，让孩子呈现蛙式位，从而利于髋关节发育。

选择一个灰色的可能并不太好看，但不会用几天就显得那么脏。

选择触手可及能拿到更多物品的带有兜的背带。因为有了孩子后,你时刻想要一件导演穿的多兜外套。

(2)婴儿车

婴儿车的选购要点如下。

配备良好的悬挂系统和结实的轮胎,减缓路面颠簸,避免宝宝因震动而感到不适或呕吐。防震功能往往是一辆婴儿车的最核心科技。

其实高景观也没有太大意义,主要是营销概念。看得更高远不如防护好不被吸烟的路人烫伤重要。

防护棚可以遮阳,也可以给孩子一个私密空间,如果有防晒罩就更好了。

一键收车指的不是二手车买卖网站,指的是按压快速折叠婴儿车。折叠后的重量也是我们需要考虑的要点。

完美的刹车功能也是必不可少的,这让我们停在有坡度的路面时会安心和轻松不少。

储物和悬挂物品的附加功能需要看个人需求,如果喜欢推着孩子买菜那可以考虑一下。有的婴儿车会有杯架,可以放咖啡杯,这是我不推荐的。有时候为了孩子的安全,我们不得不放弃一些优雅姿态。

(3)背包

不论去哪里,我们最好有一个固定的背包,里面放好宝宝需要的物品:婴儿柔纸巾、尿不湿、湿纸巾、奶瓶/水杯、提前装入保鲜袋里的奶粉、安抚奶嘴、辅食或零食、防晒霜、遮阳镜、防蚊用品、一套备用的连体衣、垃圾袋等。

当然,母乳喂养的妈妈,需要将奶瓶、奶粉替换成防溢乳垫和哺乳遮羞罩衣,不喜欢安抚奶嘴和咬胶的宝宝就不要把这些放在包里。

这个背包是提前准备的,可以让我们来一场说走就走的旅行。非必要的物品不要塞入这个背包，比如冬天可能不必带防晒物品，夏天就需要把防蚊用品塞进包里。

还有，任何物品都应确保干燥清洁。为了不落东西，哪怕再近、出门时间再短，都要在每次出门前，提醒自己四个字："伸手要钱"，即身份证、手机、钥匙、钱包，当然，现在钱包都可以被手机支付代替了，身份证也有电子版了，不过这四个字还是蛮有用的——把自己关在门外，等待时间很无聊、很难熬。

· 长途旅行

其实称呼长途旅行并不准确，我认为只要是在外面需要住一晚的情景，都算是长途旅行了。

哪怕仅仅是去爷爷奶奶家一趟，对孩子来说，都会有一点挑战性：老人喜欢在室内抽烟吗？就医购药是否方便？有没有其他正在患传染性疾病的亲戚家的孩子？快乐老家是父母从小长大的地方，给我们这一代带来美好的回忆和安全感，对婴幼儿来说，却需要在心理和生理上接受这个陌生的环境。总之，提前的准备工作会让我们不至于遇事时惊慌失措。

（1）交通工具方面

推荐使用公共交通，也就是公交、地铁、火车或者飞机。私家车一定要配备安全座椅。自己开车会让孩子更容易晕车，尤其是碰上堵车，走走停停别提多折腾了，然而目前的晕车药不适合1周岁内的儿童。公交和长途汽车也会增加旅途呕吐概率，所以婴儿时期，汽油车能避免则避免。

乘坐长途交通工具需要带好孩子的身份证明，包括身份证、户口本、出生证明以及护照等，这几样拿一个就行，能证明他妈妈是他妈妈、我娃是我娃。

提前到达火车站或者飞机场，以免安检排队、换尿布等不可抗力因素导致手忙脚乱错过班次。坐飞机时，上升和下降过程中，会让耳朵不舒服，我们可以给孩子喂奶、喂水或者用安抚奶嘴缓解这种不适感。

（2）提前了解当地的风土人情

比如去热带地区要做好防蚊工作，需要使用婴幼儿专用防蚊液或驱蚊手环。

（3）了解当地医疗条件

居住地附近有无药店、医院和母婴店。旅行背包里需要准备好常用药物：退热药、抗过敏药、止泻药、益生菌、维生素 D 或者维生素 AD 等。如果你之前就养成将宝宝的每次就诊记录都留存照片记录的习惯，那再好不过了。如果你没有这个习惯，至少需要记住孩子的最新体重和食物、药物过敏史。这些内容我们会在网络问诊章节展开讨论。

（4）提前给孩子描述一下将要去的地方，会让孩子心理上更易接受

记住不要提前太长时间告诉他目的地，否则孩子会像念经一样天天催着启程日期的来临。

（5）带一些宝宝喜欢的玩具和绘本

能让孩子没有那么多陌生感，也能增加更换环境后的安全感。

·日用品

有些用品在其他章节已讲过，比如防晒霜和护肤品等。本小节主要是查漏补缺。

·喂养用品

前文已讲过如何选择奶粉,我们接下来看看宝宝在喂养方面还需要哪些日用品。

(1)奶瓶(玻璃、塑料或硅胶材质,配不同流量的奶嘴)

其实没什么讲究,大部分宝宝不吃奶还是不饿,不能怪奶瓶和奶嘴。

(2)奶瓶清洗剂和奶瓶刷

洗奶瓶用的工具,主要是为了专人专用。建议用专门给孩子用的洗洁精洗奶瓶,并经常将奶瓶和奶嘴分离后投入锅中,煮沸3～5分钟进行消毒。有一个小窍门看奶瓶是否洗干净了:每次洗完闻一闻奶嘴和奶瓶内部是否有异常味道。如果有味,说明奶瓶的缝隙有没有洗干净的地方,也说明该煮沸消毒一下了。

(3)奶瓶消毒器

消毒柜也很可能是藏污纳垢之所,不推荐用消毒柜。

(4)泵奶器

也叫吸奶器,可以买一个好一点的双侧同时吸吮的款式,并注意保持卫生。

(5)奶粉储存盒、奶粉分装罐

没有什么用,我们完全可以用一次性保鲜袋代替这些产品。每个保鲜袋中装宝宝一次食用的奶粉量,用后即弃。

(6)婴儿辅食碗、勺子、吸盘碗

辅食碗建议选择不锈钢的;吸盘碗选择硅胶的浅色系。在勺子方面,先选择硅胶,随着宝宝咀嚼能力增强,可过渡到不锈钢或硬塑料勺。不论是哪种勺子或者辅食碗,里面的食物一定不是烫嘴的,这比选购更重要。

（7）婴儿饮水杯、学饮杯、吸管杯

当孩子坐得比较稳以后，慢慢由奶嘴更换成吸管杯喝奶和喝水，提高喂养效率，没有太大必要用鸭嘴杯过渡。没有必要用防呛吸管，事实证明不爱喝水的宝宝用了防呛吸管喝不出来，会更着急更不爱喝水，"防呛"这个概念是厂商抓住父母心理设置的，孩子并不容易呛水。冬季需要保温杯，但里面装的是不高于45℃的水。

（8）餐椅

一定要自身立得住、孩子绑得牢，家庭面积较为局促可以选择可折叠款。餐椅高度最好是和大人坐着吃饭时的高度一致。

· 个人日常用品

宝宝吃喝拉撒牵涉到一些日用品，我们分别讲一下。

（1）纸尿裤、棉布尿布、隔尿垫

纸尿裤重点在于更换及时，牌子倒不是那么重要，根据经济实力购买即可。不要图便宜买到假货或者临期产品。棉布尿布可以反复利用，是我们小时候的选择，然而这很考验更换后清洗尿布的耐心，不作为现代社会的首选。红屁股如何用隔尿垫护理，见上文详述。

（2）婴儿洗发水、沐浴露、面霜/润肤露/保湿霜/身体乳、护臀膏

洗发水一般和沐浴露组成二合一的产品，选择氨基酸弱酸性配方。如前所述，在护肤品的选择上，需要注意配方是否添加色素、香精、酒精和防腐剂。护臀膏咱们还是用前面分享的芝麻油代替。

（3）婴儿指甲剪、体温计、耳鼻清洁棉签、口腔清洁指套

最好在3个月内不要剪指甲，因为指甲过于透明，肉和指甲分不大清楚容易剪到肉。体温计选择耳温枪，方便快捷。耳鼻清洁棉签选择像挖耳勺一样的款式，便于掏鼻孔，注意不是掏耳朵。婴幼儿的耳朵有自洁能力，不能自己掏耳朵，掏耳朵是一种五官科医生才掌握的技术活。口腔清洁指套，可以套在手上按摩宝宝的牙龈并清洁宝宝舌苔，建议选择药店或网络大药房购买的医用纱布块。

（4）澡盆

选购重点是防滑、稳定、无毛刺。家庭空间有限，需要买可折叠的款式。

（5）洗澡巾

洗澡巾建议用婴儿纱布方巾，洗澡时沾水给孩子轻轻擦洗身体。

（6）浴巾

浴巾选择纯棉纱布浴巾。

（7）水温计

如果家庭水温不可控，需要用到水温计，记得用完后收纳到儿童够不到的地方。

（8）小马桶

如前所述，我们大约在一岁半培养宝宝大小便的习惯，以慢慢让宝宝摆脱尿不湿。此时，宝宝需要一个自己的便盆。小马桶功能单一，没有任何的讲究，买个实惠的照样能够顺利生产"米田共"。

· 睡眠用品

（1）婴儿床

婴儿床属于家具，如果可以的话尽量买二手的，因为板材黏结剂和木质表面的油漆很可能持久散发甲醛。没有二手的我们需要买实木免漆的，到货后尽量放在通风处多散味道。床垫方面尽量选择椰棕材质，一般不掺假，而且不至于太软影响脊柱发育。当然床垫也需要彻底晾晒保证无异味。我们可以在床垫上垫一层褥子。

（2）凉席

由于任何凉席在制作过程中都可能用到化工原料，也容易藏污纳垢和滋生小昆虫，还容易夹到孩子的毛发和肉，个人不建议给孩子用任何材质的凉席，可以大胆地用空调乘凉。床单被套均需要选择纯棉的A类面料产品。

（3）婴儿防护床围

床围既可以防坠床，又可以防止孩子撞到自己的头。个人建议使用家庭里多余的被子，折叠后绑在床框的四个面，我们可以在被子上缝几根绳子便于打结固定。这样做能保证宝宝不接触更多的新购置物品所带有的化学性过敏原。

（4）睡袋

宝宝有一个睡袋非常重要。我们就不用在夜间一直给他盖被子了。夏天选择薄款，秋冬季选择厚款睡袋，当然如果能保证室内温度、湿度均四季如春，可以买一种适中厚度的睡袋。买两身可以替换。睡袋不要买得太小，因为孩子长得很快。

（5）婴儿枕头

从科学上讲，3岁以下不必用枕头。如果家庭成员之间意见不一，建议将宝宝的浴巾折叠几层并缝制边缘，当作婴幼儿期用的枕头，建议高度不要超过3 cm。太高的枕头可能会引起呼吸不畅，也会影响宝宝颈部脊柱的发育。也就是说，晚一点用枕头不会出事，早用就可能有风险。在用枕头方面，科学育儿和传统观念会产生难以调和的分歧，哪怕是年轻父母也更想站在老一辈的思路上，给孩子过早地用了枕头，尽管我经常劝阻。重申一下育儿原则，对孩子哪怕有一丝损害可能的事情，我基本会苦口婆心。我们的孩子大约在3岁半开始使用枕头，供大家参考。

（6）哄睡音乐机、夜灯

哄睡需要万籁俱寂的安静和伸手不见五指的黑暗，因此我们不需要任何哄睡机。这种机器除了能够增加有儿童家庭的氛围感，没有任何实用功能，最不切实际的反而是其声称的哄睡功能。

小夜灯可以用床头灯或者床头台灯代替，小夜灯是帮助我们换尿布和冲奶粉用的，不能开着小夜灯哄睡。因为足够的黑暗能让人体产生更多的褪黑素，利于入睡，也利于深睡眠情况下分泌更多的生长激素。我们的生物钟应该从小养成，也就是日出而作日落而息，无疑小夜灯给这种习惯的养成过程带来挑战。

· 防晒衣、泳衣、雨衣、墨镜

选择符合《纺织品防紫外线性能的评定》（GB/T 18830-2009）的浅色系防晒衣。

男童选择分体泳衣，女童选择不勒身体任何部位的连体泳衣。

更多的时候你会发现婴幼儿不需要雨衣，如果实在要选，可以选一个孩子喜欢的动物图案，不要买得太大。

墨镜一定要选择紫外线遮挡率合格的，明确标注"UV400"或"UV100%"标志、防紫外线系数99%~100%的产品。尽管美国儿科学会建议6个月以下婴儿不戴墨镜，但个人建议太阳毒烈时，可以用墨镜给小婴儿适当遮挡紫外线，防止晒伤视网膜，短时间戴墨镜不会影响孩子视力发育。

・鞋子

（1）学步鞋

孩子总归会有自己生命里的第一双鞋，学步和鞋子之间本不应联系起来，让我来推荐，学步最好暂时不穿鞋，这样利于足部稳定和足底触觉神经的发育。因此，学步鞋更像是营销术语，鞋子就是鞋子，学步鞋的正确定义应该是：孩子自己在学习走路时需要用到的一双鞋，而不应该是促进孩子更快学会走路的鞋子。8个月以下的婴儿因为难以站立，一般不需要鞋子。当孩子会站立后，可以尝试在家里给孩子穿上鞋子玩耍一下。当宝宝1岁之后，如果带他去公园玩耍，可以穿一双鞋。

（2）选鞋子的几个要领

鞋子应该足够大、穿鞋后能够放入我们的一个小拇指，鞋面一定不能太矮、太窄或者太紧。让宝宝足部能够前后左右包绕甩不掉，但更不要夹脚。鞋子不要有太多累赘、花里胡哨的坠饰，而且尽量选择魔术贴而不是系鞋带的款式。底部尽量选择防滑性能良好的鞋底。宣传足弓发育的卖点并不是重点，只要软硬适中即可，因为我们发现5岁之前足弓都没有发育完善，与鞋子有无足弓关系不大。鞋子非常重要，不要购买或者使用其他亲戚朋友赠送的已经被穿过的鞋子，因为每个人的足底形态并不一样。衣服可以穿二手的，但在刚学习走路的阶段，一双全新的好鞋比衣服重要得多。

·出行装备

（1）婴儿安全座椅

买大品牌的和自己能负担得起的价格较高的款式，建议选择两千元以上的安全座椅，车可以省钱，安全座椅不能省。价格低的安全座椅能起到座椅作用，起不到安全作用。

（2）婴儿推车、婴儿背带

前文已述。

（3）防蚊用品（蚊帐、防蚊裤和防蚊液）

选择物理防蚊肯定优于防蚊液和防蚊手环。物理防蚊包括给婴儿车套上蚊帐，给孩子穿浅色系防蚊裤等。若要使用防蚊液，需要购买驱蚊酯配方，而且2个月以下宝宝不建议用。

·家居安全防护

（1）安全门栏、桌角防撞护套

儿童房家具应选择圆角设计或安装防撞护角，避免尖锐边缘造成伤害。如果家具有棱角，需要保护任何边边角角，避免宝宝被门夹伤或被撞伤。

（2）抽屉锁

防止宝宝探索抽屉内部的不安全物品，也能防止被抽屉夹到手手。

（3）窗户限位器、防护窗

防止宝宝攀爬发生坠落事故。

（4）电源插座防护盖

电源插座安装防护盖，电线妥善管理，避免宝宝触电风险。

（5）地垫

地面铺设防滑材质地垫或软垫，减少跌倒伤害。

（6）宝宝监护器（监控）

安装监控，可以让你不在家时看到宝宝正在干什么，当宝宝受伤时可以回看一下是如何受伤的。监控容易侵扰私人时间并触碰到私密空间，需要其他家庭成员的支持和同意，如果家庭请育儿嫂来带孩子，一定要做好沟通工作。

（7）床边防护栏

床边防护栏不是床围，指的是放在大人的床铺左右和床尾地面上的缓冲垫子，其实还是非常实用的。据我所知，绝大部分宝宝都经常睡在父母的大床上，而睡大床容易掉在地面上。个人非常推荐地面是地板砖以及大人床铺过高的家庭使用床边防护栏。摔到头怎么办已经在意外伤害那一章讲过了。

·娱乐与教育用品

（1）婴儿爬行垫

如果可以的话，个人推荐买二手的爬行垫，已经散过味道的垫子更让人安心，我们只需要在用之前用消毒湿巾擦洗和晾晒一遍。自购全新的爬行垫需要充分散味道，无异味后再使用。如果家庭铺设的是木地板或者地板砖，能够保持室内卫生，能让孩子自由漫爬和漫步，"山不转水转"，建议用护膝代替爬行垫。

（2）布书、翻翻书、绘本

布书适合半岁至1周岁内的宝宝，主要锻炼孩子的触摸和精细运动，学知识是次要的。当宝宝1周岁后，我们可以慢慢给孩子引入一些绘本了，翻翻书是比较简单的绘本，里面有一些可互动的折叠造型和孔洞。宝宝在1岁半左右开始，应该在父母的引导下读一些文字较多的绘本。绘本对建立孩子的三观和培养个人习惯有极大的帮助。需要注意，一些毒绘本可能会坑害孩子，个人推荐"小猫当当"和"小睡鼠波波"系列的绘本。

（3）玩具

数字、字母、动植物和加减乘除类的拼图可以锻炼孩子的手眼协调。积木类玩具需要选择实木的和磁力片类型的，颗粒积木可以培养孩子的创造力，应该保证玩具足够环保。玩玩具的目的是寓教于乐，可是仍然不能忘记安全第一。千万不要购买任何磁力珠类的玩具，保证玩具里不含有任何可以放入嘴中吞下的小组件。

（4）教育启蒙卡片、早教故事机、益智玩具

个人不推荐任何带有声光电的玩具和早教机器，更不推荐让婴幼儿过早接触能联网的智能助手。太多、太复杂和高科技的玩具只能让宝宝无所适从，原始的小卡片更能增进亲子感情，也能让孩子进步神速。此外，我们需要培养孩子自己收拾玩具的习惯。

总之，宝宝的日用品实在太多，我们不可能做到品类齐全、面面俱到。一款全新的婴幼儿产品上市之前，着实需要几位有良心的儿童医学专业人员测评一下，很可惜现状并非如此。很多专家审核上市的东西，他自己家的孩子也不会选。在消费者层面，我们需要时刻擦亮双眼并保持理性，并不是任何带有"婴儿"俩字的东西，你的宝宝都需要，不是花了钱就是对孩子好，有的东西还可能会害了他（比如学步车、绑腿神器以及脐疝带等）。大家在购物时，时刻保持理性和辨识思维。

18

语言发育

语言发育

宝宝什么时候能有自主意识地说话？婴语是一门什么样的语言？我们应该怎么促进孩子语言发育进程？哪些做法是绝对错误的？孩子说话结巴怎么办？本章将给大家分享语言发育知识。

在了解宝宝语言发育的其他知识之前，一定要记得：每个宝宝都不一样。大部分宝宝在出生 6 个月内不会发出有意识的词语，咿咿呀呀只是语音，不是语言。大约 9~12 个月，宝宝会开始不断重复同一个音节，如"mamama""bababa"，并越来越理解我们说话的意思。我们对语言的发育容忍度极高，尽管 1 岁半是语言发育爆发时期，但也并不是说每个宝宝都能成为"话痨"。

·语言发育迟缓的原因

宝宝语言发育迟缓可能由多种原因导致,以下列举了一些常见的因素。

(1)遗传因素。父母或家族中有语言发育迟缓的历史,可能增加宝宝出现类似问题的概率。

(2)听力障碍。听力障碍直接影响宝宝接收和理解语言的能力,是导致语言发育迟缓的常见原因之一。即使是轻微的听力障碍也可能影响语言习得,所以出生之后的听力筛查很有必要。

(3)神经系统发育异常。如脑瘫、孤独症、智力障碍、唐氏综合征等神经发育性疾病,可能伴随着语言发育滞后。

(4)发音器官结构异常或功能障碍。如唇裂、腭裂等口腔结构问题,或肌肉协调障碍,可能影响宝宝发音清晰度和语言发展进程。如果舌系带过短达到了影响吃奶的程度也要早点剪开,以免影响语言发育,尽管这种概率极小。

(5)社交互动不足。照顾者与宝宝的互动交流不够频繁或质量不高,缺乏丰富的语言刺激和回应,可能导致语言学习机会减少,进而影响语言发育。最常见的是比较懒惰的父母或长辈照顾孩子,自己忙自己的事情,过度忽视孩子需要的陪伴,丢给孩子一个手机或者平板电脑,让孩子越来越缺乏与真人的互动。

(6)早期环境因素。母亲孕期的某些疾病,可能影响宝宝神经系统的正常发育,进而影响宝宝出生之后的语言能力发育,因此还在孕期的妈妈应该按规律进行产检。

(7)心理社会因素。家庭环境不稳定、父母情绪困扰、频繁更换抚养人、过度溺爱等心理社会因素,可能影响宝宝的情绪状态和学习动机,间接导致语言发育迟缓。

(8)营养与健康状况。严重的生长发育迟缓和严重的慢性疾病(如贫血、甲状腺功能减退等)可能影响宝宝的神经系统发育,神经系统包括语言中枢,进而影响语言能力的发展。

(9)语言环境复杂。如果家中使用的语言种类过多,或语言环境复杂(如方言、外语混杂),可能使宝宝在语言学习初期感到困惑,导致语言发育延迟。

(10)个体差异。前面已经讲过,有些宝宝天生语言发展速度较慢,属于正常范围内的个体差异,后期随着成长和适当干预,语言能力可以逐步赶上同龄人。

·如何促进语言发育

促进宝宝的语言发育需要家长在日常生活中创造丰富的语言环境,并通过多种互动方式来激发和锻炼宝宝的语言能力。以下是一些具体的建议。

(1)积极互动交流

①高频对话。随时随地与宝宝交谈,描述正在进行的活动、看到的事物,回答宝宝的"婴语"提问,让宝宝感受到语言是沟通的重要工具。

②模仿与回应。宝宝学习的语言模仿的是大人的语言,我们作为大人也要模仿宝宝的发声,这就叫互动。通过回应他们的咿呀学语,让宝宝体验到语言交流的乐趣和即时反馈。

(2)丰富语言输入

①讲故事与读绘本。每天定时为宝宝朗读故事书或讲述生活中的小故事,使用丰富的词汇和句型,帮助宝宝积累语言

素材。

②唱儿歌与童谣。节奏感强、重复性强的儿歌和童谣有助于宝宝记忆词汇和语音模式，同时增进亲子感情。播放儿歌、故事音频，可以让宝宝在听的过程中自然而然地吸收语言信息。如果使用手机或者其他带有屏幕的电子产品播放儿歌，请关闭屏幕来减少对眼睛的伤害，学儿歌用耳朵就够了。

（3）示范

①发音清晰。在与宝宝交流时，使用清晰、缓慢的发音，让宝宝能够清晰听到每个字的发音。父母是孩子的一面镜子，也是孩子的留声机和复读机，父母说话字正腔圆、语速缓慢一点，能让宝宝发音更清晰。

②表情与动作夸张。配合语言使用夸张的表情和动作，帮助宝宝理解语言所传达的情绪和含义。生气时撇嘴角和皱眉头，惊喜时张大嘴巴、瞪大双眼，伤心时假哭揉眼睛，都能够帮助宝宝理解语言含义并加深对情绪的认知。

（4）日常生活教学

①命名事物。在日常生活中，指着实物教宝宝认识并说出物品名称，如"这是苹果，那是小狗"，如果能够做一些拓展就更好了，如"如果天天咔嗻咔嗻吃个苹果就能身体棒棒，小狗狗真可爱是我们的好朋友"。

②描述动作。如"我在给你穿衣服""爸爸正在做饭"。通过描述正在进行的动作，让宝宝理解语言与行为的对应关系。让宝宝语言发育进度"爆棚"，先从父母变成话痨开始。

（5）游戏与活动

①语言游戏。玩"我说你做""你说我做""找东西"等语言指令游戏，锻炼宝宝理解和执行指令的能力。

②角色扮演。模拟日常生活场景，如购物、看病等，通过角色扮演让宝宝在情境中学习和使用语言。

（6）鼓励自主表达

①耐心倾听。当宝宝试图表达时，给予充分的耐心和关注，鼓励他们说出自己的想法和需求。

②肯定与赞扬。对宝宝的语言尝试给予积极的反馈和赞扬，哪怕只说出一个字或音节，也要表现出夸张的欣喜和认可。这时候我们会感觉有点幼稚，事实上将自己的心态拉回到孩子的年龄，才能和他做朋友。

（7）定期评估与专业指导

①观察记录。定期观察和记录宝宝的语言发展情况，如词汇量、句型结构、发音清晰度等。

②咨询专业人士。如发现宝宝语言发育明显落后，应及时咨询儿科医生，获取专业评估和指导。

通过以上方法，家长可以在日常生活中全方位地锻炼和促进宝宝的语言发育，为他们打下坚实的语言基础。同时，家长的耐心、鼓励和支持对宝宝的语言学习至关重要，要让宝宝在轻松愉快的氛围中自然而然地习得语言。

·什么时候要去医院

如果宝宝2周岁了，和他说话没反应，或者宝宝不能说2个字以上的叠词，就需要去医院看一下。

19

婴幼儿医学检查项目

婴幼儿医学检查项目

宝宝的体检应该在妈妈肚子里的时候就已经开始,那时候宝宝初具人形。因此,必须强调一下,如果你刚刚怀孕,强烈建议定期产检,一直到宝宝出世,尤其是唐氏筛查以及大排畸产检一定不能忽视。规律的产检记录能帮助排除很多问题。

此外,毕竟胎儿超声是隔着肚皮做的,况且孕后期一般就不再随访胎儿的微小问题了,所以有的宝宝在出生之前有一些需要在出生后随访的项目,比如胎儿肾盂扩张、脑室扩张、先天性心脏病等。一般出生之后护士和医生会帮宝宝查体,发现较显著的畸形,比如多了一个大拇指、少了一个睾丸、嘴唇不完整(唇裂)、上牙膛开了口子(腭裂)等。然而,确实有些畸形在产前、产后以及成长过程中都不那么容易发现,比如肺静脉异位引流、髋关节脱位、后腹膜肿瘤等。

作为父母其实无须紧张,一般来说,宝宝生长发育满意,通常不会有较大的脏器畸形,至于发育过程中出现的问题,需要医生在每次体检时协助家长发现并给出下一步的解决方案。这里有个重点:发现问题不是放大问题。某些生理现象在上文已经讲过,本章主要查漏补缺,并告诉大家哪些项目需要重视,哪些不需要特别关注。

·生长发育评估

不同日龄和月龄的宝宝需要注意哪些事项,我们在生长发育那一章已分享过。一般来说,对婴幼儿阶段的宝宝,生长发育门诊检查通常包括以下几个主要项目。

(1)体格生长指标

①身高(长)。测量宝宝站立(站立位或卧位)时从头顶至脚底的长度,反映骨骼纵向生长情况。通常2周岁内是躺着测量的,也就是测得的身长就是身高。

②体重。对比每次测量的体重,衡量宝宝的整体营养状况和生长趋势。

③头围。反映大脑和颅骨的发育情况。同时,医生会评估囟门闭合情况:观察前囟和后囟的大小、形状及闭合时间,以此判断颅脑发育是否正常。请记住,囟门需要医生评估,而不是家长道听途说自己猜测诸如宝宝缺钙之类的可能。

④胸围。评估胸廓及肺部发育。也许医生不会测量绝大部分宝宝的胸围,但如果医生发现宝宝胸廓明显发育有问题,则胸围有必要测量。

⑤生长发育曲线。建议家长朋友们养成给孩子描记生长发育曲线的习惯,智能手机的普及让我们摆脱了厚重的卡片,很多育儿app都可以记录。我们可以通过曲线看出来孩子是否在某些阶段有问题,过于快速和越来越瘦弱都是不科学的,往往提示我们需要追溯喂养和辅食添加是否不当。

(2)神经心理发育评估

①大运动能力。如抬头、翻身、坐、爬、站、走等动作的完成情况和发育顺序。正如前面所说,翻身和爬行并不是关

键的大运动，若你的宝宝没有翻身直接会坐了、没有爬直接站起来走路了，并不算异常。

②精细动作技能。抓握、捏取、拍打、涂鸦、搭积木等手部精细动作的发展水平。日常给孩子录制的小视频可以缩减就诊时间，并利于医生快速评估孩子的状态。因为确实有些孩子进入诊室后会变得"特殊"，这是诊室环境给孩子带来的陌生感所致，我们不想让医生误判。

③语言发育。听力、发音、词汇量、语句结构、语言理解与表达能力等。语言发育那一章已详细讲解，除非有医学诊断价值的疾病，我们不需要太注重自己家娃语言大爆发时间段与邻居和朋友家孩子不一致的情形。

④认知能力和社交情感发育。前者包括注意力、记忆力、解决问题能力、模仿能力、学习新技能的速度等；后者包括眼神交流、面部表情、情绪表达、对人和物的兴趣、与他人互动的方式等。一些量表可能会帮助我们判断，然而更要认识到，认知能力因人而异，真正有智力障碍的儿童其实是很少的，不要自己吓自己。唐氏综合征会在半岁内体现出与正常儿童迥然相异的呆滞眼神和软弱的肌肉力量，哪怕你不是医生，也不可能漏掉。这里再次提醒一下，平日给孩子拍照和录视频是很重要的。

（3）感知觉评估

①视觉。检查视力、眼位、追视能力、对色彩和形状的识别等。如果宝宝眼睛外观和活动没有问题，不建议给1周岁以内的宝宝测量视力。这是因为电脑验光很不准确，让我们会提心吊胆。

②听觉。通过听力筛查或行为观察评估听力状况。出生时的听力筛查若没有通过，一般会在满月左右再做一次就通过了，这是由于新生儿外耳道有羊水和胎脂栓塞所致。若听力筛查再次

未通过，我们需要进一步测量听力。

③触觉、嗅觉、味觉。这项检查不需要交给医生，我们在日常照料宝宝时，就可以观察到宝宝对不同刺激的反应。

（4）口腔检查

①牙齿发育。检查牙齿萌出、排列、蛀牙情况等。牙好胃口就好，牙好还会更自信，所以在此再次强调一下刷牙的重要性。如果自己不能分辨正常的牙齿色素沉着和异常的龋齿，可以在体检时询问医生。

②舌系带、上腭以及其他口腔问题等。主要排查舌头的活动度、漏掉的软腭裂以及舌根囊肿等，有时候也会发现早期出现的鹅口疮。

（5）营养与喂养评估

①饮食习惯。奶量、辅食添加情况、饮食结构、进食技巧等。

②营养状况。通过生长曲线、血液检查（如血常规、铁代谢、肝肾功能以及维生素 D 含量等）评估营养素摄入是否充足。

（6）健康状况评估

①疾病筛查。如先天性甲状腺功能减退症、苯丙酮尿症、葡萄糖-6-磷酸脱氢酶缺乏症、听力障碍、先天性心脏病等新生儿疾病筛查结果。

②免疫接种情况。检查是否按时完成了国家规定的免疫接种计划，并在门诊解答疫苗接种的常见问题。

（7）家庭环境与社会行为评估

①家庭环境。了解家庭成员构成、亲子互动、家庭教育方式等，评估家庭环境对宝宝发育的影响。

②社会行为。观察宝宝在集体环境中的适应能力、与同伴交往情况等。

·血常规

血常规属于最常见的辅助检查，但再重要也要记住，这是辅助检查，不能代替症状，不能按照检查结果胡乱下诊断、喂药。因此，血常规非常重要，如何解读血常规更加重要。我给大家提炼一下重点。

（1）血常规上的上上下下的箭头不代表孩子那一项指标有问题，这是由于很多化验单后方的参考范围都是大龄儿童甚至成人标准，况且本来不同宝宝个体就有差异。

（2）血常规起码的几项指标需要会看。新生儿期的化验较为复杂，我们暂不探讨，主要讲一下满月之后的。

①白细胞是中性粒细胞、淋巴细胞、嗜酸性粒细胞、嗜碱性粒细胞、单核细胞等的总和。

②儿童的白细胞正常值是 $4.0\times10^9/L$ 至 $10.0\times10^9/L$，也就是我们常说的 4~10 之间就是正常的（忽略乘号和后面的指数以及单位更容易理解，下同）。需要注意，对于 2 岁以下的婴幼儿，白细胞计数可能 $11.0\times10^9/L$ 至 $12.0\times10^9/L$ 也不属于异常，还是那句话，我们必须结合临床症状来看。

③我们重点关注的是有无临床症状，所谓的症状就是是否有突发高热，若没有临床症状，都可以等待 7~10 天左右复查一下，不要根据结果就乱用抗生素。

④如果宝宝有发热症状，白细胞显著高于正常，且中性粒细胞计数及中性粒细胞百分比升高，基本上可以判断是细菌感染。但需要排除肠道病毒引起的疱疹性咽峡炎、幼儿急疹引起的短暂升高，还需要隔日复查，看一下是否越来越高以排除 EB 病毒感染和川崎病。

⑤没有显著过敏症状的嗜酸性粒细胞升高,和过敏没有任何关系。嗜酸性粒细胞和嗜碱性粒细胞升高不代表绝对的过敏,过不过敏就是看是否有过敏症状。没有过敏症状就不需要忌口,建议忽略嗜酸性粒细胞这一项指标。

⑥白血病的特点:白细胞计数异常升高(至少超过30)或夸张地降低(小于1.0)、血小板变成个位数、血红蛋白60以下。不要自己在网上乱查。99.999%的宝宝不会是新发白血病,不建议根据网上信息对号入座。

⑦血小板正常值是100以上,有些宝宝在婴儿期会高达接近800~1000;至少100~700之间非常安全,不用担心。

⑧血常规化验单里有红细胞这一项,但临床上更关注血红蛋白,血红蛋白的正常参考值和如何判断是否缺铁详见补铁那一章节。

(3)如果检查项目中有C反应蛋白(CRP),我们应忽略超敏C反应蛋白(hs-CRP),CRP正常值< 8mg/L。当CRP显著大于8mg/L,比如超过了30mg/L,哪怕白细胞和中性粒细胞不升高,也可能是感染,需要立刻结合临床表现决定是否开始使用抗生素。

(4)千万不要不做血常规和CRP,直接用抗生素(头孢、阿奇霉素、环酯红霉素、罗红霉素、克洛己新、阿莫西林克拉维酸钾等)。当然,有两种特殊情况:第一种是宝宝经常化脓性扁桃体炎,已确诊过多次,再次化脓基本是既定事实往往不会误诊,可以暂时不做血常规,但需要在抗感染无效时完善血常规和CRP;第二种情况是宝宝在临床症状上基本能诊断急性鼻窦炎或者慢性鼻窦炎急性发作,海盐水喷雾有力喷洗后仍不缓解,可以开始抗感染治疗。然而,这需要强大的知识储备才行,个人推荐交给专业医生帮你做决定。

（5）有时候我们会在血常规化验中，捎带加做网织红细胞或者血涂片，以便结合血红蛋白等判断宝宝有无造血系统异常。注意这两项检查需要让医生来判读。

（6）不必担心末梢血或者说指尖血血常规的准确性，基本上全世界的成人和儿童都是用末梢血的血细胞计数作为诊断依据。

·尿常规

当宝宝有尿频、尿急、尿痛、尿道口红肿瘙痒时，我们很有必要做一下尿常规。如果宝宝没有特别情况，大人可以挂号让医生开检查，付费后将集尿袋带回家给宝宝做尿常规。尿常规主要是为了检查是否尿路感染，留标本时需要将外阴消毒干净，用医院拿的集尿袋覆盖在尿道口。大便若混入了小便中会影响结果，留女宝宝的清洁小便时，有时会更加困难。所以，记住要多拿几个集尿袋。

我们将小便分为前、中、后段，留最中间那段是我们的目标，这段最清澈。

·粪常规

大便形状颜色等生理特征上文已经描述过。宝宝如果吃喝和小便都是正常的，非常不建议给孩子随便检查粪常规。如果宝宝有肛周瘙痒，经常抓屁股沟，我们可以检查一下是否有肠道寄生虫，可以送检粪常规。

·肝肾功能

肝肾功能不作为常规的体检项目。如果能确定平日没有给孩子乱用药物、没有乙肝传染病史，不推荐给孩子抽血检查此项。假如宝宝做了该检查，我们需要学会判读结果。

（1）肝功能中，谷丙转氨酶（ALT）的参考值是0~40U/L，相较于谷草转氨酶（AST），谷丙转氨酶更具有肝脏疾病的诊断意义。如果考虑药物性肝损伤，需要停药1~2周后复查该指标。顺便提一下，如果宝宝母亲是乙肝病毒携带者，那么宝宝应该在出生后接种过乙肝疫苗并注射过乙肝免疫球蛋白，除了关注肝功能的上述两个酶，我们还需要在宝宝出生后6~8个月，给孩子查一下乙肝表面标志物和乙肝病毒DNA。

（2）血清胆红素指标中，包括总胆红素、直接胆红素和间接胆红素，在新生儿时期，我们要学会看并计算总胆红素的数值，换算公式是：17.1μmol/L=1mg/dl。通常对于足月儿来说，在出生7天之后，黄疸不超过256μmol/L，也就是不超过15mg/dl，往往问题不大。

（3）肝功能中有一项指标是碱性磷酸酶，如果大于500U/L，需要警惕骨骼的代谢性问题，也就是说要进一步评估佝偻病的风险。

（4）肾功能中也许会有尿酸的轻度升高，大部分情况是孩子抽血之前喝水喝得太少了，可以等3~5天之后多喝点水再复查，基本上不大可能是痛风。

（5）肾功能中的肌酐指标降低没有太特别的临床意义，肌酐明显升高才有意义。

最后，大家应该知道，很多肝肾功能特定问题，需要专业的儿科医生才能帮助解读，大家不要因为一些指标的异常，在网上随意查资料。

·心肌酶

我们都知道,心肌酶是一组存在于心肌细胞内的酶类,包括但不限于肌酸激酶(CK)、肌酸激酶同工酶(CK-MB)、肌钙蛋白(TnI或TnT)、乳酸脱氢酶(LDH)及其同工酶(如LDH1)等。肌酸激酶除了存在于心肌还存在于骨骼肌细胞中,而且血液样本溶血也会使该指标假性升高。

举个例子,常年不运动的宝宝,出去"特种兵式"旅游了一天,回到酒店很疲惫。这时候若给宝宝抽血查肌酸激酶,结果大概率会升高,这是由于长途跋涉让肌肉组织破坏了。再比如说,宝宝最近有点感冒,精神食欲良好,在感冒的第三四天查血,也很可能会肌酸激酶升高,这是由于病毒感染后让肌肉细胞破坏了。这两种情况诊断为心肌炎非常不科学。

事实上,基本肌酸激酶单个指标的升高毫无临床意义。如果宝宝情况良好,建议不做肌酸激酶检查。若家长非常不放心,怀疑有心肌炎或心肌损伤可能,我们需要抽血查CK-MB、TnI和TnT,这几项指标中的任何一项升高,都比肌酸激酶靠谱。如果宝宝病情确实比较重,除了需要关注上面这三项,还需要完善心电图检查协助诊断。

·微量元素

国家已经在2013年和2021年两次发文,叫停了微量元素检测。无论是夹手指或者手腕、测头发还是抽血查微量元素,统统不准确。这是因为微量元素只占人体的很少一部分,常规检查很难查出来。微量元素判断的缺铁、缺钙、缺锌,也统统没有任何参考意义。

不过，该检查也不是一无是处。如果你所在的地区铅中毒高发，测了微量元素，若提示宝宝铅超标，倒是可以给自己提个醒，给孩子再去抽个血查一下血铅。

· 骨密度

首先，骨密度的合理使用场景是给中老年人判断骨质是否疏松的，而婴幼儿的骨质和成人不一样，和中老年人更不一样。宝宝的骨头像柳条一样，容易弯折，骨密度测下来往往会偏低。

其次，整个儿童时期的骨密度，都缺乏科学的参考标准，临床上一直在拿成人的标准来判断孩子的骨密度，本来就很荒唐。这就类似于让 2 岁的孩子一定要长到一米五以上，是不是很可笑。

最后，实际上，我们只建议有复发性骨折、骨骼畸形、可疑骨质疏松的宝宝检测骨密度。这类宝宝我们称之为骨病人群，相对比较罕见，你的生长发育良好的宝宝不需要做该检查。测出来骨密度低也不是缺钙，补了钙也不可能达到机器设定的所谓正常值，因为这个正常值本身就不属于孩子。

· 过敏原检测

该部分内容在过敏的章节已详细阐述，3 周岁以下的过敏宝宝不建议做过敏原检测。

· 食物不耐受检测

食物不耐受检测指的就是过敏原检测中的 IgG 检测，在过敏的章节也讲过。不建议给任何婴幼儿做食物不耐受检测。

·肺功能

通常4周岁以下的宝宝,不能听懂指令使劲呼气和吸气,因此婴幼儿时期不开展肺功能检查。

·铁代谢

铁代谢一般指的是铁代谢三项,即用来评估机体铁营养状况和铁代谢功能的三个关键指标:血清铁(SI)、总铁结合力(TIBC)和血清铁蛋白(SF)。当然,有时候医生还会开具铁代谢五项检查。

如果从宝宝血常规能够判断是否贫血,则不必加做铁代谢相关检查。如果宝宝有轻微的贫血,补铁效果满意,则不必做铁代谢相关检查。临床上难以诊断缺铁性贫血,寻找贫血原因时,可以做一下铁代谢检查。

·血清维生素A和维生素D

宝宝体检时,一般不常规查维生素A和维生素D。

在维生素A方面,如果宝宝偏食、挑食严重,或者生长发育严重落后,我们需要评估宝宝的维生素A。正常的血清维生素A浓度$\geq 1.05\,\mu mol/L$。正如前文所述,临床上缺乏维生素A的宝宝并不多。

在维生素D方面,如前所述,缺乏的宝宝有很多。可以在需要给宝宝采血时,要求医生开一下维生素D检查。在检查维生素D方面,需要注意以下几点。

①适宜的血清25-(OH)D$\geq$75nmol/L,这里指的是血清总维生素D。

②维生素 D2 和维生素 D3 属于维生素 D 的亚型。化验单中维生素 D2 和维生素 D3 相加，就是血清总维生素 D。我们不必在意维生素 D2 和维生素 D3 其中哪一个低了，只需要看血清总维生素 D 即可。

③建议维生素 D 补充不充足、不规律或者很少出门晒太阳的宝宝，可以在体检时测一下血清维生素 D。

④有些机构可以查指尖血的维生素 D，如果正常就不必担心了，如果显示低于正常，建议抽静脉血再复查一下。

⑤请记住，维生素 D 才是判断孩子是否存在佝偻病风险的血液指标，不是微量元素的钙。当然，为了判断佝偻病，医生一般结合临床症状、血清碱性磷酸酶、血磷、血钙甚至骨骼 X 线来协助诊断。现在真正的佝偻病已经很少了，大家不要过于担心。

· 视力筛查

宝宝在 1 岁之前查的视力很多都是不准确的，如果可以的话，建议不要太依赖于电脑验光结果。1 岁之前，我们主要排除小眼畸形、晶状体混浊等先天性问题即可。

· 口腔检查

牙科区别于儿童保健科，需要更专业的医生来判断孩子是否有牙齿和牙周疾病。建议 1 岁以上的宝宝定期看牙医，基本上半年一次。这不是说 1 岁之前就不需要检查口腔，还是那句话，长一颗牙刷一颗牙，否则在治疗宝宝牙齿时会让自己后悔莫及，1 岁之前发现了口腔问题也应该及时就医。

很多父母现在越来越重视儿童口腔健康了，很多医院已经开设了儿童口腔科，大家可以了解一下当地是否有儿童口腔科。当然，目前也有很多私立口腔诊所，能带给宝宝更好的就医体验。

·菌群检测

个人不建议给宝宝体检时，做身体任何部位和任何排泄物的菌群检测。除非母亲乳腺炎发作，否则也不建议常规给乳汁检测细菌。

·母乳检测

宝宝体重增长缓慢，我们也许经常会怀疑母乳没有营养。大多数母乳检测服务可能被商业利益驱动，夸大检测的必要性和价值，使消费者在并不完全了解其实际效用的情况下付费。如果妈妈不是素食主义者或者不是严重忌口，建议不要做母乳检测。这是由于以下原因。

（1）个体差异与动态变化。母乳成分因母亲个体差异、哺乳阶段、哺乳时间、饮食变化等因素而异，一次检测结果未必能准确反映整体营养状况。母乳成分在一天之中甚至一次哺乳过程中都可能存在波动，单次检测可能缺乏代表性。

（2）缺乏标准值。目前医学界尚未对母乳成分设立统一的"正常"或"理想"范围，检测结果缺乏明确的临床指导意义。即使某项成分偏低或偏高，也不一定能直接判定母乳质量不佳或对宝宝健康有负面影响。

（3）性价比不高。相对于母乳检测的费用，调整饮食、合理补充营养素等低成本措施也能达到改善母乳营养的目的。对于大多数健康母亲和正常发育的宝宝来说，常规的健康检查和医生指导已经足够，除非科学研究需求，也许我们不需要再自掏腰包。

·基因检测

现今，随着科学的普及，基因检测开展得越来越多。然而，孩子并不需要常规检测基因。这并不是说基因检测不能做，而是需要认真对待。实际上，对于未做过羊水穿刺，强烈怀疑有遗传性疾病的宝宝，我们非常推荐做家系基因检测和验证。临床上对怀疑耐药的菌群，也常常做标本的基因检测，用以协助选择和调整抗菌药物，判断治疗方向和疗程。其他注意事项大家可以了解一下。

（1）基因检测花费高昂，很可能出现假阴性。

（2）基因检测是一个概称，包括很多手段，比如单基因检测、甲基化基因检测、全外显子检测、特定疾病panel等。不同情况需要选取的检测手段有天壤之别，不恰当的检测手段很可能给出一头雾水的结论，哪怕选对了检测类型，一些模棱两可的结果也会给我们带来困扰。

（3）报告解读具有专业性，很多开展基因检测的医学机构和公司，却没办法解读报告，这是非常尴尬的现状。

（4）天赋基因检测并不推荐作为常规检测。你也许听说过"用一滴血就可以知道孩子的专长"的广告语，目前科学界对此类检测的有效性和准确性存在较大争议。孩子是否有天赋，需要我们在养育过程中探索和发现。还有，我们不要对孩子的天赋抱有太多不切实际的猜想。孩子的某些天赋几乎在胚胎时期就定型了，如同父母的单双眼皮，孩子的天赋也会像相貌方面一样有遗传倾向。

·影像学检查

·B超和心超

B超检查方便快捷，没有辐射，相比其他影像学评估手段，有很大优势。在宝宝婴儿时期，我们还可以通过未闭合的囟门看一下脑室结构。B超还可以辅助诊断鞘膜积液、腹股沟斜疝、睾丸扭转、睾丸附件扭转、卵巢扭转、卵巢囊肿蒂扭转、肠套叠、阑尾炎、肠系膜淋巴结炎等。但对于大多数宝宝，除了髋关节B超，其他B超理论上不作为常规体检项目。当宝宝有臀位分娩、髋关节发育不良家族史、臀纹不对称等情况时，可以做髋关节B超。

如果确有必要做其他部位的检查，需要注意以下事项。

（1）空腹准备

如果是进行腹部B超（肝、胆、胰、脾、肾等），通常需要空腹8~12小时，以确保胃肠道无食物和气体干扰图像清晰度。其中胆囊B超一定要空腹检查，因为只有饿肚子时胆囊内才能囤积胆汁。想象一下，没有吹起来的气球，是不是看不出气球形态？

（2）泌尿系统B超需要在检查前大量饮水，使膀胱充盈，便于观察膀胱和周边器官

（3）宝宝进行B超检查前和检查时

我们应配合安抚孩子情绪，确保检查顺利进行。比如许诺几颗棉花糖或者一集动画片。

（4）若宝宝太小确实不能配合完成检查

也许做超声前，医生会给开镇静剂。目前在临床上使用

的水合氯醛和鲁米那是安全的,不用担心。分享一个小窍门:在排队做检查前,尽量让孩子别睡觉,即将做检查时再哄睡,若排到了宝宝未睡熟,可以将号码牌和后面的家长换号,以便顺延,等宝宝睡熟了,再把他抱进超声室。

(5)皮肤下包块

如果摸到宝宝皮肤下面有包块,却又不像是淋巴结时,可以B超看一下这些体表包块。当然B超还能判断生殖系统的异常。

(6)心超是心脏B超,和其他部位的B超一样,都没有辐射

· X线检查(胸片、腹片或者CT等)

X线检查都是有辐射的,然而这种辐射剂量较小。一般认为,一年拍摄50张片子是安全的。当然,有些儿科专科医院已经购置了更新的设备,将辐射量降到了更低,片子也更清晰,一年100张以内都问题不大。因此,虽然我们不鼓励过度检查,但作为家长来说,也不必太担心辐射问题,如果确实有诊断必要,我们不应拒绝摄片。

(1)胸部X线(胸片)

你可能还会在检查申请单和报告单上看到将其描述为胸部DR。

(2)CT和片子的区别

CT打印出来的胶片是一排排的,有多少个小窗口,就代表拍了多少张片子。怀疑肺炎,能做DR尽量做DR,只有在发热周期较长,比如超过7天,胸片显示不清时,我们才直接做肺部CT。CT检查其实就是一次性拍了20张甚至更多的片子,

能用片子来解决的，我们不建议直接做 CT。

（3）拍腹片

怀疑肠梗阻拍腹片需要正位和侧位两张片子，拍片之前最好先通开塞露将大便排出，以免粪块梗阻导致诊断方向错误。

（4）避免过度依赖

不论是 CT 还是胸片、腹片，都是辅助检查，是辅助医生诊断和给出治疗建议的。首先，我们应该避免过分依赖辅助检查，其次，我们更不应该将辅助检查作为主导来决定治疗方向。

（5）对于复杂病例的 CT 检查

如果医院的移动服务平台可以让我们在手机上方便地看到电子的影像，那再好不过。如果没有，建议将影像拷贝出来留作以后复查时的资料。

（6）胸部 X 线

胸部 X 线主要是为了帮助诊断是否有肺炎、心脏畸形、胸廓畸形、气管异物以及胸腔肿瘤等。腹部 X 线主要排除肠梗阻、肠道畸形、实质脏器（肝、胰、脾、肾）出血和病变、阑尾炎等。

（7）急诊 CT

一般应用于排除头颅外伤所致的骨折和颅内出血、可疑阑尾炎。如果宝宝腹痛剧烈伴发热，怀疑阑尾炎，或者高坠伤伴呕吐时，不要因为害怕辐射拒绝检查腹部 CT 和头颅 CT。

（8）四肢的 X 线检查

宝宝外伤摔伤四肢，需要局部和相邻上下关节的 X 线，协助诊断骨折。

· 磁共振

我们基本上听到核磁共振，就想到辐射，然而核磁共振是没有辐射的。核磁共振（MR\MRI）与 CT 的区别：优点是无辐射，缺点是耗时长、需预约、要镇静。请放心，镇静剂是安全的。

· 同位素

同位素检查是有辐射的，一般应用于肾积水、输尿管反流、肿瘤骨转移等。该检查具有一定的放射性，由于大部分宝宝没有这些情况，我们暂不探讨。

20

婴幼儿常见传染感染性疾病

在儿科最常见的问题是感冒、发热、拉肚子,原因就是病原微生物的感染所致。拉肚子和感冒等知识,我们前面已经讲过,但我认为有必要给大家补充分享一下其他传染感染性疾病的专业知识。

在开始阅读本章内容之前,我们需要先把握两点:一是不要给孩子乱用药物,二是知道什么时候必须立刻就医,这些重症和急症宝宝一般有以下表现。

(1)皮肤和嘴唇颜色苍白、发花、发灰/蓝。

(2)对社交提示没反应,也就是呼之不应,就算唤醒后也不能保持清醒状态,医学术语是精神萎靡。

(3)呻吟,也就是一直哼哼唧唧,睡眠状态下呼吸频率大于60次/分,吸气时胸壁下端凹陷。

(4)频繁呕吐,12小时内呕吐超过3次,24小时内小便量小于3次。

(5)高烧之后抽筋、翻白眼,退了烧还是要去医院。

(6)咳嗽非常重,每次咳嗽都诱发呕吐,睡着之后频繁咳醒。

(7)全身大面积皮疹,尤其是皮疹用手压上去不能褪色的情况。

(8)高烧已超过7天。

·出疹性疾病

我们只需要知道,大部分出疹性疾病都属于病毒疹,可以理解为病毒来过一趟留下的足迹。在发病过程中的治疗措施,除了保护性隔离,别让病毒传染给家庭成员,对正在生病的孩子来说,主要是采取一些让孩子舒服点的措施,比如:发热、头疼、嗓子痛就用药解热镇痛,过敏瘙痒就抗过敏和止痒,至于疹子本身其实不必担心。

需要指出,我们只列举门急诊常见的疾病,有些不常见的疾病比如风疹和麻疹,我们不去讨论。因为有的皮疹具有诊断和鉴别诊断意义,却太具有专业性,应该交给医生来判断。反正知道了下面的知识后,还是搞不清楚情况时就需要去医院了。

·幼儿急疹

幼儿急疹是人类疱疹病毒6型或者7型引起的出疹性疾病。幼儿急疹没有疫苗可以预防,几乎所有宝宝都在3周岁内得过至少一次。该病的特征、家庭护理及用药方案如下。

(1)突发高热,热退后出现淡红色斑丘疹,通常分布在颈、躯干、上肢及下肢近端,面部及四肢末端较少,疹子持续1~2天后迅速消退,不留痕迹。

(2)发热与出疹之间通常有3~5天的"热退疹出"间隔期。有的宝宝可能不会烧很久,个人发现,大部分的宝宝会在84小时内出现突然退热发疹子。

(3)麻腮风疫苗注射之后,会发现很多宝宝出现幼儿急疹。然而其实和接种疫苗基本无关。我们可以这样理解:这是由于麻腮风疫苗的接种月龄(8月龄)和幼儿急疹好发的年龄正好赶上，很可能是事有凑巧。

（4）发热期间，物理降温和药物降温是有必要的。如何降温，发热那一章已讲过。

（5）发热期间可以洗澡，出疹子之后可以见风，可以吃稀一点的辅食，不用忌口。

（6）发热后 24~48 小时内的血常规，可能提示轻微的白细胞升高和/或 CRP 升高，这不是使用抗生素的依据，我们可以等待发热 3~5 天再复查。除了发热，宝宝若没有其他特别的临床表现，不考虑合并细菌感染，不应该太早用抗生素，这一点非常重要。

"关关难过关关过。"很多家庭和宝宝的第一关就是幼儿急疹。继续强调，幼儿急疹是自愈性疾病，考验的是家长的心理建设和循证医学知识储备量。怀疑幼儿急疹，千万不要乱用除退热药之外的任何药物，以免让简单的疾病复杂化。

· 手足口病和疱疹性咽峡炎

手足口病是肠道病毒 71 型和柯萨奇病毒等引起的出疹性疾病，疱疹性咽峡炎也是由肠道病毒其他类型引起的疾病，两者具有一些共性，我们一起讨论它们的特征和处理方案。

（1）发热、口腔内尤其是嗓子口溃疡，可出现疼痛感。

（2）如果宝宝咽喉部疼痛，可以给孩子吃一些凉的、软糯的食物，避免太酸的食物刺激疱疹部位。疼痛过于剧烈，影响吃奶时，需要口服解热镇痛药（布洛芬或者对乙酰氨基酚）。

（3）典型的手足口疹子，是身体远离心脏的部位，手、足、臀部、膝关节等处出现斑丘疹或疱疹，疹子周围有红晕。但有时候皮疹没那么典型，这时需要求助于医生。

（4）口腔内和皮肤的皮疹都会消退，不留瘢痕。皮肤如果不瘙痒一般不用药。

（5）如果皮疹部位瘙痒的话，可以涂抹炉甘石洗剂止痒，一日三次。若炉甘石洗剂无法止痒，需要口服西替利嗪。如果皮疹部位由于瘙痒抓破，有化脓迹象，则需要停止使用炉甘石洗剂，涂抹碘伏消毒，保持创面干燥清洁。

（6）手足口病传染周期可能有10天甚至更长时间，因此，在皮疹消退之前，我们要做好家中其他儿童的隔离工作，也应该不要再出门玩耍，以免感染其他小朋友。

（7）由于已经广泛接种EV71疫苗，能预防手足口重症，目前发现只有极少数病例才会出现神经系统并发症。当然，若宝宝出现本小节开头提到的那些情况，需要住院治疗。

・水痘

水痘的特征是发热1天左右出疹，皮疹最初表现为红色斑疹，迅速发展为透明水疱，水疱周围有红晕，易破溃，瘙痒明显。皮疹先见于躯干和头皮，继而扩散至面部和四肢，呈向心性分布，同一部位可见斑疹、丘疹、水疱、脓疱和结痂同时存在，即所谓"四世同堂"现象。关于水痘，还有以下注意事项。

（1）水痘也具有很强的传染性，除了家中小孩子，我们需要让孩子避免接触之前没得过水痘的老年人。

（2）水痘可以使用阿昔洛韦片抗病毒治疗5天，但需要在医生指导下应用。

（3）对于发热和皮疹瘙痒的处理，和手足口病的策略一样。

（4）水痘疫苗是非常推荐接种的，能降低宝宝患重症水痘并发症的概率。

· 腮腺炎

流行性腮腺炎是一种由腮腺炎病毒引起的急性呼吸道传染病，其主要特征是发热、腮腺（位于耳垂下方的唾液腺）肿大、疼痛。除了腮腺外，病毒可能影响其他唾液腺（如颌下腺、舌下腺），引起相应腺体肿大。此外，病毒还可能侵犯睾丸（引起睾丸炎，多见于青春期男性）、卵巢（引起卵巢炎，少见）和胰腺（引起胰腺炎）。该病多发于儿童和青少年，但成年人也可能患病。因此，在患病期间隔离流行性腮腺炎的孩子是很重要的。还有一点，我们需要将化脓性腮腺炎鉴别开来，做一个血常规看一下白细胞、中性粒细胞和 CRP，上述疾病基本上就能现出原形。

目前尚无特效抗病毒药物治疗腮腺炎，但幸好有麻腮风疫苗可以预防，婴幼儿发生腮腺炎较少，我们这部分内容作为了解，只需要知道，不要拒绝和推迟接种麻腮风疫苗。

· 猩红热

猩红热是一种叫乙型链球菌的细菌引起的传染性疾病。其特征是发热、咽痛、扁桃体红肿。典型的猩红热皮疹是发热一天就出疹子，疹子呈现为弥漫性、针尖大小的红色细小丘疹，密集成片，压之褪色，疹间皮肤正常。宝宝还会出现口周苍白圈、杨梅舌、帕氏线（腋窝、肘窝、腹股沟等皱褶处皮疹密集呈紫红色线状）。皮疹消退后可有大片脱屑，但最终一般不会留下痕迹和瘢痕。

猩红热有传染性，我们需要避免接触宝宝的唾液和鼻涕等分泌物。由于猩红热是细菌感染，宝宝需要按疗程抗感染治疗，具体应该遵医嘱，我们不展开讨论。

·川崎病

川崎病（Kawasaki Disease）不是传染性疾病，也不是感染性疾病，医学上称其为皮肤黏膜淋巴结综合征。从名字就能看得到，其特征是：持续发热（≥5天），双眼球结膜充血，口唇及口腔黏膜弥漫性充血皲裂，草莓舌，颈部淋巴结肿大，多形性皮疹（躯干部为主），卡疤红肿（胳膊上接种卡介苗的疤痕印记部位发红肿胀），手足硬肿、脱皮。由于不是感染和传染性疾病，因此抗病毒和抗生素，都不能帮助孩子恢复。

在边治疗、边检查和边观察的时候，我们会发现宝宝上述临床表现越来越凸显，血常规中白细胞越来越高，CRP越来越高，血小板越来越高，用了抗生素也无效，血沉一直不下降。

需要知道，任何发热超过5天的宝宝，都需要怀疑川崎病，因为很多川崎病患者有不典型性。由于川崎病会引起很严重的心脏并发症，而且这种冠状动脉扩张和瘤不会在短时间内出现，一开始就漏诊会追悔莫及。在儿科，很多传染性疾病都几乎可以自愈，但每个儿科医生在面对发热的病人时，心里都会提着一根弦，就是一定要当心川崎病。

·流感

上文已讲过流感疫苗接种和诊治的知识，在此补充强调一下：流感疫苗还是很有必要接种的，尽管不能百分之百防住流感，却能在某种程度上防重症。

·新冠病毒感染

这款病毒大家肯定很熟悉了，我们其实没必要再过多阐述，下面简单分享几点。

（1）新冠病毒没有特效药，尤其是对婴幼儿来说，不要乱用药。

（2）新冠疫苗截至目前，还没有婴幼儿接种的大规模可靠科学研究数据，所以暂时没有可以接种的疫苗。

（3）新冠不可怕，可怕的是对传染性疾病的基础认识不足，恐惧又太盛，我们只需要对症治疗即可。

（4）新冠病毒和其他之前的、现在的、未来流行的病毒没有本质区别。一种新的病毒出现之后，疫苗研发不可能这么快速，当疫苗研发上市并获得认可后，流行周期却早已过去。因此，保持清醒的认知和科学思维是万能的疫苗。只要是传染病，我们的措施主要就是依靠控制传染源、切断传播途径以及保护易感人群。

（5）现有的新冠毒株已没有刚暴发时那么强，不用担心。况且，我们发现感染新冠的宝宝年龄越小，自愈的时间越短，症状也越轻。我们与其担心孩子，还不如多担心一下家中老人。

（6）由于新冠疫情几年，大家过度保护自己，让以前蠢蠢欲动的各种微生物都有抬头趋势。可以预见的是，其他病原微生物会慢慢回到疫情之前的低密度流行水平，但可能需要几年时间。

·肺炎支原体感染

肺炎支原体感染呈现一种大小年的流行趋势，几年流行一波。肺炎支原体感染不是支原体肺炎。支原体可能会引起肺炎，但也不一定。我们讲一些支原体感染的要点。

（1）支原体 IgM 和 IgG 检查，都是特异性抗体检查，都非常不准确。临床诊断支原体感染，需要靠临床症状，而并非抗体检查。我见过很多发热和支原体抗体阳性患儿使用了本不应该使用的阿奇霉素。

（2）支原体核酸非常推荐，然而很多地方没有开展此项检查。

（3）支原体感染必然会咳嗽，典型支原体感染的咳嗽表现是，阵发性刺激性干咳。孩子一阵阵咳嗽，在咳嗽的时候，可能会诱发呕吐，或咳得停不下来，因为咳嗽不能自发停止，孩子会停掉喝奶、玩耍和说话，入睡之前会咳嗽很长一阵导致入睡困难，而入睡之后会频繁咳醒。如果宝宝已经表达很清晰了，他会告诉妈妈：我的嗓子有点痒，痒起来就会控制不住咳嗽。

（4）如果是比较轻微的不发热的宝宝，感染支原体后我们认为口服药物就能解决问题，甚至不用药也能自愈，尽管咳嗽的周期会比较长（3~7周），我们更关注孩子的日常饮食、玩耍和睡眠是否会被支原体感染的客观事实打扰到。支原体感染后引起支原体肺炎的表现是：低热或中度发热，咳嗽严重到难以入睡，呼吸困难明显，孩子由于频繁咳嗽极其疲惫，出现低氧血症等。不论什么原因引起的肺炎，都需要住院治疗，支原体肺炎也不能免俗。

（5）有明显症状的肺炎支原体感染，需要按疗程口服抗支原体药物。有时我们发现阿奇霉素使用无效，为了规避支原体耐药情形，会超说明书使用其他药物。在真的有必要时，需要遵医嘱给宝宝使用。

（6）支原体感染也有一定程度的传染性，如果孩子没办法戴口罩，就需要家里其他人戴起来。

（7）支原体没有疫苗，而且我们发现有的人非常容易支原体感染。如果家里人之前经常感染支原体，需要特别注意个人防护。

（8）支原体感染的宝宝，在感染2个月内不能吃太凉的和太酸的食物，这些食物会诱发再次咳嗽或让咳嗽加重。

·百日咳

百日咳是一种由百日咳杆菌引起的急性呼吸道传染病，尤其在婴幼儿中发病率较高，具有高度传染性。以下是关于百日咳的一些关键知识要点。

（1）病原体与传播方式

百日咳杆菌通过空气飞沫传播，例如患者咳嗽、打喷嚏时排出的飞沫被其他人吸入。

（2）临床表现

①潜伏期：通常在感染后7~10天开始出现症状，潜伏期可能为5~21天。

②初期症状：类似感冒，有轻度发热、流涕、咳嗽和轻微的喉痛。

③症状发展：1~2周后咳嗽加重，呈现典型的阵发性咳嗽，咳嗽发作时面色涨红，结束时伴有典型的"鸡鸣样"吸气性吼声。某种程度上，百日咳和支原体在咳嗽性质方面有点类似。

④幼儿和新生儿可能不表现出典型的"鸡鸣样"咳嗽，反而可能出现呼吸暂停或窒息的现象。

（3）病程

①病程较长，持续数周至数月，因此被称为"百日咳"。

②病情严重者可能并发肺炎、呼吸衰竭、脑病等并发症。

（4）预防措施

①接种疫苗：百日咳可以通过百白破疫苗进行预防，此

疫苗通常可以预防百日咳、白喉和破伤风三种疾病，是婴幼儿免疫规划中的常规疫苗。

②联合免疫：四联和五联疫苗也包括百日咳疫苗。

（5）诊断与治疗

①诊断依赖于临床表现、接触史及实验室检测，如血常规、CRP、鼻咽拭子培养、核酸检测等。

②治疗以抗生素为主，早期治疗可以缩短排毒期，减少传染性，但并不能立即终止咳嗽症状。我们不应该擅自使用抗生素。

③对症治疗包括保持室内空气流通、湿润，避免刺激性物质。

（6）防控策略

①严格执行免疫接种程序，保证婴幼儿按时完成疫苗接种。

②发现宝宝患有百日咳要及时隔离治疗，因为宝宝会传染给已经过了疫苗保护期的成年人。

总之，百白破疫苗一定要按时接种，我们发现很多宝宝拖着不打疫苗得了百日咳。当然还有一种比较倒霉的宝宝，是打了疫苗还没超过2周，疫苗还没起效，不慎感染了百日咳鲍特菌。对于出现百日咳疑似症状的婴幼儿，尤其是接触过疑似病例者，应及时就医诊断和治疗，因为在我国没有百日咳疫苗的加强针批准上市，每个成年人其实都是易感人群。

·急性中耳炎

急性中耳炎以发热、耳痛和外耳道异常分泌物为特征，宝宝可能前期有过感冒病史，也有可能会表现为抓挠耳朵、打自己的耳朵部位或者诉说耳朵痛。

理论上，中耳炎应该在小儿耳鼻喉科让医生帮助确诊。用药是外耳道滴入氧氟沙星滴耳液（该药外用比较安全，不是口服），可能还会配合口服的抗生素治疗1~2周。一般不会复发，耳朵有强大的自洁能力，也不会有后遗症，不用担心。

·化脓性扁桃体炎

首先，很多父母不知道扁桃体在哪里。我们张嘴伸舌头发出"啊"音，露出来的在正中间的那个小肉肉，不是扁桃体，那是悬雍垂。

我们举一个例子，大家应该都见过向两侧对称拉开的那种移门，当两侧移门打开时，中间很容易通过，当两侧移门对称性地快要关闭时气体很难通过。在两侧移门上贴一些脏乱差的广告，半开不开，就是患化脓性扁桃体炎时扁桃体肿大的样子。两边的移门就是双侧的扁桃体，广告贴纸就是脓苔。

小儿的扁桃体基本只能看到一点点，当出现肿大明显时才能看到，当出现化脓时会看到明显肿大且有脓苔。

患化脓性扁桃体炎的宝宝，需要查一下血常规和CRP，并结合临床表现来诊断，抗感染周期是5~7天，甚至有时要静脉使用抗生素。在这一过程中，需要排除EB病毒感染和腺病毒感染等情况。

·泌尿系统感染

泌尿系统包括肾、输尿管和膀胱。泌尿系统感染的表现是尿频、尿急、尿痛，有的宝宝会出现尿道口红肿和疼痛，当炎症已经严重到肾盂部位处时，会出现发热。

当我们发现宝宝出现不明原因的尿尿时的疼痛哭吵，需要警惕尿路感染的可能，如前所述，可以大人送检尿常规来判断。

泌尿系统感染的抗感染周期，需要结合尿培养结果，一般在尿培养结果阴性后再使用1周抗生素，出现发热的尿路感染（肾盂肾炎）抗感染周期可能更长，也有可能口服用药效果差，改为静脉用药，这些需要和医生沟通。

·皮肤脓肿

皮肤脓肿一般表现为小的脓疱，可多发，皮肤不透气或者炎热环境中的痱子继发感染（脓痱）也属于这个范畴，一般来说保持皮肤干爽、清凉、清洁，配合抗生素软膏，很快就能治愈。需要注意皮肤脓肿的特定形式之一是肛周脓肿，这种情况需要去医院就诊。

·鹅口疮

鹅口疮属于白色念珠菌病的口腔黏膜表现，常见于早产儿、奶瓶清洗消毒不干净、家庭成员有灰指甲（甲癣）等情形。鹅口疮的表现是口腔内豆腐渣样的东西，稍微一擦拭孩子会哇哇大哭。有些鹅口疮的宝宝是以突然不爱吃奶为表现的。

首先，家庭中若有任何真菌感染性皮肤病和甲病成员，需要根治。其次，需要做好奶瓶的清洗消毒工作。最后，我们简单谈一下鹅口疮的处理。

（1）制霉菌素甘油已经停产。我们需要将制霉菌素片充分碾碎后倒入食用甘油中，自己配成5万U/ml的制霉菌素甘油。

（2）每次使用时，充分摇匀，再用医用棉签蘸取药液涂抹于鹅口疮表面，一日两次，至少使用 21 天。

（3）当还没配成制霉菌素甘油时，5% 碳酸氢钠溶液也可以暂时代替，但效果可能不够好。

·腹痛

以腹痛为临床表现的诊断方向非常多。我们作为家长需要注意的是，在孩子肚子疼时，先要想到孩子是否解过大便。因为很多在门诊中以腹痛就诊的患儿，一支开塞露就屁颠屁颠回家了，肥水流了外人田，不如在家先拉出来再说。所以，腹痛的宝宝，最好先通个开塞露再说，哪怕已经在 24 小时内解过大便，开塞露也能帮助缓解。

腹痛的宝宝除了粪块栓塞，还有受凉后肠道易激、病毒感染后的肠系膜淋巴结炎、肾绞痛、胆总管炎症、胆道和肠道蛔虫症、肠套叠、急性胃肠炎、卵巢囊肿蒂扭转、美克耳憩室炎和出血、阑尾炎甚至心肌炎等等多系统复杂的情形。由于腹痛牵涉到的临床医学知识量过于庞大，这里暂不展开了。大家只需要记住，当宝宝出现肚子疼时，我们给他用开塞露通完解过大便后，腹痛还没有明显缓解，就要去医院。

21

就诊技巧

·爱未来科学育儿指南

带宝宝就诊是有技巧的。也许你没有掌握或者短时间内很难掌握上面那么多健康育儿知识,但该怎么带孩子去看病必须做到心中有数。下面我们来简单聊一下这些技巧。

· 线下就诊

现在，就诊模式大多是网上预约制，因此带孩子去医院要提前挂号。很多医院都有患者服务平台的公众号或者小程序，可以提前查找并预约。实在不清楚应该挂哪个科室，可以现场问预检台的护士并现场挂号。

去医院之前，我们不能忘记携带宝宝的病历本、医保卡等资料。

就医过程中，不要让孩子在人员密集的地方逗留，尽量少接触医院内尤其是门急诊的任何物品，尽最大可能避免交叉感染。如果可以，应该两个大人带孩子去医院，一个人等着叫号并汇报最新叫号进展，另一个人带着孩子去附近僻静的角落等待。

就医之后，不要带着孩子在诊间多待哪怕一秒钟，也尽量不在医院内部购买小玩具，减少逗留时间能最大程度上避免交叉感染。

· 看病怎么选择医院

不论你身在何处，至少要知道距离自己家最近的和最好的儿童专科医院是哪个。

通常来说，离自己家最近的医院主要是为了解决急症。比如需要抢救的时候，去最好的医院需要在路上长途奔波，可能会耽误病情，我们应该就近先稳定病情，能处理最好，不能处理必须得等宝宝稳定，再考虑下一步的转院事宜，否则在救护车上也会有风险。

最好的儿童专科医院，大部分设置在当地经济较发达的城市，常常命名为某某省儿童医院，某某省妇幼医院。在名称之前可能冠以某某大学或某某医学院附属等字样，这表示该院还是教学医院，医教研三位一体，常常是三甲医院。如果你足够细心，可能还研究过哪个医院的哪个专科更好。比如当地肯定有人知道，看哮喘应该去 A 医院，看便秘就要去 B 医院。强势专科的成立和传承不是一天两天，如果对宝宝的问题能自己分清属于哪个科室的问题，再找到最具优势的专科医院，那再好不过了。当然再进一步深入研究的话，就应该知道哪个医生更能看自己家娃的病。

• 看病如何选择医生

（1）先分辨自己的宝宝的不舒服属于哪个科管，让口腔科医生看痔疮这种笑话可不是假的。

（2）在三甲医院看病，建议选择高年资主治医师或者较年轻的副主任医师看病。他们通常业务熟练，却又没有花那么多时间去搞科研。如果在二甲或者更下级的医疗机构就诊，建议找高年资的医生。当然这不能一概而论，再好的医院也有不负责的医生，在乡镇卫生院甚至村里的医生，经验丰富、不乱用药、时刻更新知识且认真负责的也大有人在。

（3）复杂的和罕见的疾病，应首选北上广深的业内专家就诊。

（4）如果可以的话，建议建立复诊机制，经常换医院和换医生不利于捋顺病情经过，找同一个医生复查可以让沟通变得轻松。当然，如果你认为上次就诊的医生差强人意，或者你和他脾气不对付，还是换一个更好。

• 怎样跟医生描述病情

（1）一定要知道自己孩子的月龄和最新体重，并较为准确地提供给医生。

（2）非常清楚孩子对哪些食物和药物过敏，如果医生开了过敏的药物或者询问你，你能立刻想到。

（3）一定要携带上次的纸质就诊记录，医院的门诊电子信息系统大概率不会好用，不要给医生设置障碍。

（4）用最简短和清晰的词句，描述孩子具体有哪些不舒服。比如有位妈妈这样描述："您好张医生，孩子前天晚上大约7点钟发现有点蔫，量体温39℃，口服布洛芬后能退热。除了退烧药，现在我们还没有用任何其他药物，除了发热偶尔有点流鼻涕和咳嗽，但不严重。今天下午起床后，感觉鼻涕加重了而且鼻涕从清变黄，眼睛都变红了，我们就带他来让医生您看看。这两天吃东西睡觉和玩都还可以，就是昨天到现在没有大便过，小便比之前少了而且有些黄。最近家里孩子他爸有点鼻塞像感冒一样，但他本身就有鼻炎，之前宝宝新冠阳过一次。上个月两周岁体检体重是23斤。"这位母亲非常全面地描述了孩子的发病经过，用药情况，症状描述也比较精准，饮食、睡眠、大小便和体重都不用医生再问了。

（5）不要东拉西扯，就算是你非常想表达，也尽量不要在就诊时说距离本次生病太远的事情，超过2周就算太远了，因为那些事情与本次就诊很大概率毫无关系。

（6）一些在就诊期间不是立刻能表现出来的问题，可以平日录制视频和拍照片留在手机里，就诊时让医生看一下。比如走路内八、睡觉抖动、双眼经常愣神等。

·网络问诊

网络问诊能让我们避免跑很多次医院，其实是非常推荐的，我个人也在几个平台开设了儿科问题的问诊咨询服务。与线下看诊不同，在网上和医生沟通需要注意以下几点。

（1）不要泄露自己的联系方式，也不要索要医生的联系方式，这对医患双方都好。

（2）更要仔细描述孩子的年龄（日龄或月龄）、最新体重情况，体重一定要搞清楚是斤还是公斤，1kg=1千克=1公斤=2斤。

（3）如果可以的话，应该尽量提供视频和照片给医生看一下。大部分平台和绝大部分医生不会泄露宝宝的隐私，不必担心。视频和照片需要在光线充足的地方拍摄，不要开启美颜和滤镜。

（4）建议将当地医院和医生书写的就诊记录、当地做的检查、用药（何时开始吃、怎么吃的、吃了有无缓解或加重）等详细资料拍照提供给医生。

（5）网络咨询服务有时候医生不一定能及时回复。因此，首先，急症一定不能网上问诊，比如呛到气管里一个枣核，要立马送医院施救；其次，需要对医生有一定的耐心，并有医生因为繁忙回复消息较慢的心理预期，避免更加焦虑。

（6）和线下就医一样，我们尽量全面却扼要地和医生描述孩子的病情经过。医生还是那个医生，他们都喜欢和沟通无障碍且表述清晰的家长沟通。

（7）和线下就诊一样，我们尽量选择同一位医生问诊，因为他自始至终了解你的情况。

最后，我想说的是，建立医患彼此的信任是看病的前提。信任是相互的，我们去看病时，最好用最大的诚意信任医生。当然如果某位医生你认为不值得信任，也尽量不要和医生闹得不愉快，我们只需要下次不选择他就可以了。还有，情商也很重要，情商高的父母带孩子看病，会让医生极度舒适，他也会尽量让你的宝宝极度舒适，这时往往会有更多的收获。

22

婴幼儿家庭教育

· 爱未来科学育儿指南

  我的孩子已经快六周岁了。除了给大家看病,这几年随着孩子长大,我自己也积累了一些家教和早教方面的知识。养孩子的前三年是最难的,本章我将自己的经验分享给大家。需要指出,婴幼儿教育不是我的专长,但我会毫无保留。

  开始本章内容之前,大家需要知道,家庭教育中容易忽略的是父母自身有无问题。如果你是一个不善言辞的人,至少应学会如何和孩子进行眼神交流,并经常对自己的孩子微笑。况且,所谓"鸡娃不如鸡自己",孩子是自己的一面镜子,我们也许会在获得一个新生命之后,不只是角色完成转换,更希望让人生完成蜕变。

·1 周岁内如何早教

这个阶段的宝宝视听觉刚刚开始建立,活动范围很小。

(1)抚触和被动操建议学起来,每次洗澡之后给孩子做一套抚触按摩,宝宝会感觉酣畅淋漓,按摩末梢神经也会刺激大脑皮层发育。

(2)使用黑白卡和彩色卡来锻炼宝宝的视觉发展是一种流行的早期教育方法,如果你有精力,可以尝试一下。

黑白卡训练。新生儿至约3个月大的宝宝处在黑白视觉期,此时他们的视力较弱,对高对比度的黑白图像反应更为敏感。在宝宝清醒、安静且注意力集中的时候,手持卡片放在宝宝眼前约20~30 cm的距离。慢慢移动卡片,引导宝宝的视线跟随卡片移动,进行视觉追踪训练。如果宝宝转移视线或者显得不感兴趣,可更换新的卡片。

彩色卡训练。大约从4个月开始能识别更丰富的色彩,可以逐渐引入彩色卡片。手持卡片放在宝宝眼前约20~30 cm的距离,可以配合语音描述,告诉宝宝卡片上的颜色和物体名称,有助于宝宝建立语言和视觉的关联。

(3)一些玩具,比如大颗粒积木,可以锻炼宝宝的手眼协调、精细运动,并激发孩子的想象力。一些布书,可以让宝宝在玩耍中学习。这些都是值得推荐的教具。

(4)如果家庭不缺人手,个人不是特别建议将1岁内的宝宝送到机构去早教,这会让宝宝缺少了很多和父母相处的机会。事实上,我不推荐任何年龄段的宝宝去早教,作为父母,自己学会如何教孩子是更有效和很必要的。

· 1~3岁宝宝家庭教育要点

（1）居高临下颐指气使只会让宝宝性格越来越内向。我们每次跟宝宝交流时，需要蹲下来，让自己和孩子的视线平齐，让他和你平起平坐，你们会成为最好的朋友。

（2）孩子也许经常表现得很幼稚，那是因为你两三岁时，也是这样，只是你已经忘记了。我们何不趁此机会重温一下童年。

（3）孩子很小，不懂事很正常，做出出格的事情也很正常。我们应该明确指出他的错误，并耐心地教导他改正。损伤了别人的利益时（比如孩子在你的怀抱中不小心踢了前面的人），作为监护人的我们需要向对方道歉。

（4）希望家庭中的成年人，不要打压孩子的积极性，他喜欢乱涂乱画，就在言语和行动上支持他。哪怕他明显不是当画家的料，我们也要夸他是穿越来的梵高。请记住，不吝溢美之词的父母，会让宝宝很早就建立自信心。再怎么夸也不会让自己的孩子以后狂妄自大。世界都需要我们温柔以对，自己亲生骨肉更需要多一点关怀，哪怕孩子有些方面真的不尽如人意，我们也需要向他投去鼓励和肯定的眼神。坦白讲，现在的父母在物质上确实不再那么匮乏，日常花销也毫不吝啬，但在言语上远没有达到溺爱的程度。

（5）当孩子自己玩时，我们需要给他足够安全的环境，防止孩子受伤。除非他开始邀请你参与，或者他明显玩得不顺利在大哭大闹，否则尽量不要打扰他。因为处于秩序敏感期的他们可能会非常刻板（比如毛绒小狮子一定要放在小兔子的左边），这被认为是正常的。

（6）不要责骂甚至殴打你的孩子。这会潜在影响孩子的心理健康。也许你会说我们很多人都是在"棍棒"之下长大的，但你需要知道，这其实是不对的。不要让孩子走我们的老路。为了让孩子的性格更好，也许我们应该先改变一下自己的脾气。

（7）建议采用冷静角、愤怒选择轮等方式，让孩子发泄情绪。实在不听话的孩子，我们可以将他关到一个独立的安全的房间里，但需要语气坚定地告诉他：我很生气，需要把你关在这个房间里五分钟，你冷静冷静吧，想想自己哪里做错了。悄悄告诉大家，这短短的五分钟也能让自己冷静一下。

（8）鼓励孩子出门活动，接触大自然，接触小朋友。还是那句话，我个人不推荐去早教机构。如果家里有人看孩子，也不建议将孩子送到托班。

·是否找育儿嫂看孩子

如果婆媳之间相处不和谐，建议找育儿嫂照看孩子比较好。很多父亲都面临着这道难题：媳妇和老妈掉进水里，先救哪个？作为父亲的我们，何不让老爸去救老妈，自己去救自己的媳妇呢？

家庭的主要矛盾之一就是婆媳矛盾，有些甚至是不可调和的。矛盾只要存在，就会对成长过程中的孩子造成影响。需要知道，孩子都是非常敏感的，你的一颦一笑他都看在眼里、记在心里，也许不会形成长久记忆，但会影响孩子的潜意识。为了孩子着想，婆媳处不来的，就应该早点分开，婆婆也应该鼓励小两口找个育儿嫂。如果妈妈不想放弃自己的事业，产假结束之后可能也会面临繁忙的工作，这时候就需要有个住家育儿嫂帮忙带孩子。下面是我的一些经验之谈。

（1）也许你会更换几个育儿嫂，最后才能找到自己满意的，但你终会找到一个合适的育儿嫂。

（2）与自己相处融洽，带孩子认真负责，日常起居规律，没有不良嗜好，谈吐举止无不当之处，讲究个人卫生，工作经验丰富。这些是对所请育儿嫂的最起码的要求。当然，如果她能够烧一手好菜那将是意外惊喜。但需要记住，人无完人，我们请的育儿嫂几乎不可能尽善尽美，最重要的是前两条。

（3）既然决定请一个育儿嫂帮助你带孩子，那么就请尽最大可能全方面相信她。育儿嫂如果有什么地方需要沟通，请开诚布公说出来。大多数育儿嫂也非常不容易，刻薄地对待育儿嫂是非常不礼貌的表现。

（4）育儿嫂可以帮助你们分担很多家务，这会让你和你的爱人轻松不少。我见过很多请了育儿嫂的家庭，父母把孩子留在家里，他俩经常出去撮一顿火锅，或者看场爱情电影，这真的可以增进夫妻感情。

（5）不是特别建议找亲戚来帮忙看孩子。因为大部分的亲戚都是夫妻双方某一方的长辈，这会让我们对一些不能容忍的事情难以启齿。

（6）请育儿嫂的唯一缺点是多了一份花销。这些花销用来购买育儿嫂的时间，却也同时使夫妻二人得到了很多额外时间，而且也让一直夹在婆媳中间不知所措的爸爸，有了某种动力更愿意去拼搏。我们若这样想的话，请育儿嫂带孩子，真是一举几得。

（7）如果确实承担不起请育儿嫂的花费，那么还不如夫妻其中一方不要去工作。至于全职爸爸还是全职妈妈，那应该看谁的收入更稳定。

·把握管教孩子的尺度

其实和诊断、治疗、用药一样，只有急症、重症才需要用猛药和用多种药，防止孩子出现不可挽回的后果以及出现后遗症。儿童行为中的急症、重症，是严重违背道德的做法，比如无故辱骂别人、随意破坏公共设施、乱丢垃圾，或者被别的小朋友无缘无故打了一顿却一脸蒙，只知道哭不知道下一步如何应对。

这些问题如果存在，我们还是先从自身和家庭出发找一下原因。因为我们发现，"毁三观"的习惯很可能是孩子以大人为榜样学来的。比如喜欢动手打人的孩子，孩子的父亲有家暴和家暴倾向，喜欢骂人的宝宝的妈妈有时候喜欢口吐芬芳。孩子潜意识里，在幼年时期种下骂人、打人能够解决问题的种子，进而会发展为欺软怕硬的性格，长大后只会处处碰壁。

我们希望能够培养孩子自信坚强、快乐活泼、诚实守信、谦虚宽容、正直善良、谈吐礼貌、举止得体、富有爱心的性格。当然，每个孩子都有自己的气质，理想化的性格是我们的标尺，不能让宝宝偏离太多。严重违背社会公德和三观的行为，需要及时纠正，坚决杜绝。容忍孩子偶尔的小脾气，但不能过分宠爱甚至溺爱。我们心里时刻有一把尺子，用来测量孩子的举止是不是太出格了，是的话就要立刻管教，不要拖到第二天，不怎么出格的话，就给孩子一点自由，这就是我们需要把握的度。

23

家庭药物清单

家庭中需要有一个小药箱，准备好常用药品。尤其是居住于县级及以下辖区（乡镇和农村等）的家庭，这一点更加重要。本章知识具有一定的专业性，对于模棱两可自己不能决断的情形下的用药，需要具体情况具体分析，必要时咨询医生。

·家庭用药黑名单

（1）在此之前，我们需要先了解哪些药物是婴幼儿的"黑名单"。这些黑名单上的药物和早已淘汰的治疗措施，大部分都出现于小诊所，也有部分出现在很好的医院。我知道大家肯定有不少疑问，但相信我，不是什么药物都能登榜。之所以"荣登"黑名单，原因有以下三个。

①已经退下神坛，现在已经有更好的药物代替。

②有些药物没有任何针对性治疗作用，却增加了不良反应和副作用风险，哪怕作为安慰剂也不配。

③药物可能会延缓疾病自我痊愈的进程。

（2）接下来，我们将这些药物列举如下。

①药盒上带有"氨咖""氨酚""复方""敏"等字样的感冒药，不要使用。

我国相关规定已指出，不建议2周岁以下使用，很多发达国家推荐4~6岁以下不用。个人建议6岁内不用。这是由于感冒大多是自限性疾病，市售所有感冒药都是复方制剂，含有多种成分，均不适合肝功能未发育完善的婴幼儿。所以就记住吧：普通感冒不用吃药，也别去药店买感冒药。

②喹诺酮类（沙星字样），18岁内不用。

这是由于骨骺未闭合，带有沙星两个字的药物都有某种程度的软骨毒性，让孩子长不高的风险加大。

③感冒不乱用头孢，不是流感不用奥司他韦。

普通感冒是病毒引起的，抗生素对病毒无效，还会增加白细胞降低的风险，阻碍宝宝自愈，当然乱用头孢还会耐药、拉肚子等。奥司他韦只针对流感（确诊甲流或乙流或者有确切密切接触史），该药对其他病毒无效，副作用却不少。

④不建议用利巴韦林的任何剂型。

在《儿童呼吸道合胞病毒感染临床诊治中国专家共识（2023年版）》中，利巴韦林在抗病毒方面已经被除名，当然是因为不良反应和副作用。因其安全性和有效性仍存在争议，目前仅用于存在免疫功能受损/缺陷的呼吸道合胞病毒感染患儿。

⑤发热，不用氨基比林（安乃近）类药物，发热不打退烧针。

很简单，大家只需要记得，安全的退热药只有布洛芬和对乙酰氨基酚。退烧针基本上指的是激素类药物，考虑到激素的风险，临床上很少使用。

⑥拒绝接受任何药物灌肠。

灌肠的用药途径，是抓住了父母怕孩子生病要打针和吃药的心理，很多小诊所治疗宝宝咳嗽、感冒、拉肚子、发热，统统给灌肠，非常触目惊心。灌肠的风险很多，比如肠穿孔、肠道菌群移位、药物过敏、药物中毒等。

我们单表一下中毒。药物在设计和临床验证时，已经明确了用药途径，改变用药途径会让孩子再当一遍小白鼠。在灌肠用药方面，大家需要知道：从肠道进入的任何药物，都会经过肠道血管吸收流向全身，这些药物不能经过肝脏代谢毒性，会让毒性加大。一个冷得不能再冷的知识，从血管里打进去的或者屁股针打进去的药物，都经过肝脏代谢了部分毒性，知道了这些，你还认为灌肠不可怕吗？

⑦宝宝咳嗽，氨溴特罗、盐酸氨溴索、乙酰半胱氨酸等化痰药，通常2岁内不用，最好6岁内不用。

化痰药的药物机理是让痰液增多，利于人体咳出，无疑岁以下孩子的咳嗽没有这种清除痰液的力气。宝宝的咳嗽本身属于保护性反射，咳嗽是帮助恢复的必然过程，不会吐痰或者咳嗽无力气的宝宝，使用了含有氨溴索的药物，会让痰液变多，痰液会顺着气管往深处流动，会让痰液变得更多。还有一点很重要，不论口服的、静脉注射的还是雾化的化痰药，都不建议用。

⑧糖浆类止咳化痰药物，需要等待宝宝学会吐痰（一般都要 4 岁后）以后使用更科学。

首先，止咳化痰糖浆和氨溴索一样，宝宝不会吐痰，也没办法调动咳嗽所需要的肌肉力量，使用不科学。其次，止咳糖浆内有止咳成分，止住了咳嗽相当于抑制了自己的保护机制，更不科学。

⑨口服中成药在宝宝 6 个月内最好不用，满 6 个月遵医嘱。这主要还是考虑到宝宝肝肾功能未发育完善的客观事实。如果你的宝宝生病了，需要口服中成药，建议带孩子挂中医儿科医生的号，让医生辨证施治，对症下药，切忌自己盲目使用中成药。

⑩坚决不用中成药静脉注射液。这些药包括但不仅限于：炎琥宁注射液、喜炎平注射液、复方蒲公英注射液、双黄连注射液、痰热清注射液、热毒宁注射液、醒脑静注射液、清开灵注射液、鱼腥草注射液、柴胡注射液等。中药直接打到儿童的血管里，尤其是注射入婴幼儿的循环系统，是风险极大的事情。

·家庭用药白名单

我知道，这时候很多家长已经不耐烦了，肯定想说："知道你为了我好，这不让用那不让用，可孩子生病了大人是真着急啊，你说该用啥？"其实前面的章节中，我们基本上已分享了不同症状该用什么合理的药物，现在给大家总结一下家庭药箱的白名单清单。

（1）发热：布洛芬混悬液，对乙酰氨基酚栓（150mg）。

（2）感冒（鼻塞、流涕、打喷嚏）：生理海盐水鼻腔喷雾（0.9%），西替利嗪滴剂。

需要说明，西替利嗪口服液和左西替利嗪口服溶液效果较差，不如西替利嗪滴剂。氯雷他定糖浆以及扑尔敏等，不用于2周岁以下的儿童。因此，在婴幼儿时期，西替利嗪滴剂具有不可替代性。

（3）咽红、口腔溃疡、口腔疱疹：开喉剑喷雾剂（儿童型）。这里需要解释一下，权威指南中，并未推荐开喉剑用以治疗疱疹性咽峡炎。但个人认为，作为一款外用型中成药，该药副作用小，至少我自己的病人用下来是安全的，作为安慰剂它是够格的。

（4）咳嗽：西替利嗪滴剂，雾化药（吸入用布地奈德混悬液和吸入用异丙托溴铵溶液等）。

很多人不理解，西替利嗪治疗鼻塞流涕和咳嗽的药理基础，其实就是抗过敏。因为病毒感染会让鼻腔和下气道敏感，这是人体对病原微生物和气道脱落细胞的过敏反应，表现为喷嚏增多、鼻涕增多、鼻塞、咳嗽变多。况且，有些宝宝在感冒后期会出现过敏性咳嗽。所以，在感冒和咳嗽时，使用西替利嗪滴剂抗过敏是相对科学的。至于具体如何给宝宝做雾化，前面已经讲过了，不再重复。

（5）拉肚子：酪酸梭菌二联活菌散/布拉氏酵母菌，蒙脱石散，口服补液盐Ⅲ。前文已述。

（6）外伤：医用干棉签，碘伏。

医用干棉签是灭菌消毒过的，建议在药店或者网络大药房买，不建议使用平时护理使用的清洁棉签。

市面上有多种碘伏，我们需要认准浓度。建议选择0.5%左右浓度的碘伏或者复合碘棉签。这种浓度更适合婴幼儿，也更适合在口腔黏膜或者外阴、肛门外伤时使用。是的，碘伏可以给各个地方的黏膜和深部的伤口消毒，并不仅仅用于消毒皮肤。

棉签和碘伏适合浅表外伤的家庭处理。每日消毒2—3次，保持局部干燥清洁，结痂前不要碰水，结痂后可停止消毒。对于较深的、不清洁的伤口，需要就医让医生清创缝合，有些情况还需要注射破伤风抗毒素。

（7）脓疱：莫匹罗星软膏/红霉素软膏/金霉素软膏/夫西地酸乳膏。

这些都属于抗生素软膏，用在皮肤脓疱时，不要用在外伤的伤口上，任选一种即可。用法都是局部清洗皮肤并擦干后，薄涂局部，一日2~3次，使用7天。

（8）便秘：开塞露（甘油）10ml/支。

家中需要准备的开塞露是含甘油的10ml/支的儿童开塞露，如何使用在便秘章节已讲过。

上述药品是药箱中的常备用药，如果打开超过半年，一般需要更新。我们还要经常检查药品的有效期，超过有效期的药物只做应急使用，最好及时更换。再强调一点，药箱和药品要放到儿童接触不到的地方。至于其他一些各个科室的常用药物，我们不再展开科普，还是那句话，有病就去看医生，不要自己盲目用药。